◆ 青少年做人慧语丛书 ◆

能力让你登顶，品质使你常青

◎战晓书　选编

吉林人民出版社

图书在版编目（CIP）数据

能力让你登顶,品质使你常青 / 战晓书编. -- 长春
: 吉林人民出版社, 2012.7

（青少年做人慧语丛书）

ISBN 978-7-206-09131-5

Ⅰ.①能… Ⅱ.①战… Ⅲ.①能力培养－青年读物②
能力培养－少年读物③品德教育－中国－青年读物④品德
教育－中国－少年读物 Ⅳ.①B848.2-49②D432.62

中国版本图书馆CIP数据核字(2012)第150848号

能力让你登顶，品质使你常青

NENGLI RANG NI DENGDING，PINZHI SHI NI CHANGQING

编　　著：战晓书
责任编辑：李　爽　　　　　　　封面设计：七　洱
吉林人民出版社出版 发行(长春市人民大街7548号　邮政编码:130022)
印　　刷:北京市一鑫印务有限公司
开　　本:670mm×950mm　　1/16
印　　张:12　　　　　　　　字　　数:150千字
标准书号:ISBN 978-7-206-09131-5
版　　次:2012年7月第1版　　印　　次:2021年8月第2次印刷
定　　价:45.00元

如发现印装质量问题,影响阅读,请与出版社联系调换。

目 录
CONTENTS

做人还是以诚为本

五年前的秋天，省城刚刚创刊了一家新报纸，由于业务需要，面向社会招聘编辑记者，正在一家乡村中学任教的我怦然心动：当记者和编辑是我多年的梦想啊！可我能行吗？仅有高中学历不说，并且发表的作品也极为有限，况且对新闻工作一点经验也没有……得知我要去应聘的消息后，许多亲朋好友都跑来给我出主意：报社不是说要招大专学历以上的吗，你就说正在读自考，还有半年就下来了；作品你也说发表了挺多，大多数没留样报；为了表明自己有过新闻工作经验，你就说在县广播电台作过编辑，反正你在县电台也没少发东西，回头和台长打个招呼，让他帮忙掩护一下就行了，这也是成人之美嘛，这个忙他肯定会帮的……

听着大伙的"好主意"，我心里直"打鼓"：这能行吗？"这咋不符？没事，只要聘上，凭你的文字功底保证不能露馅。""听我们的没错，你是念书念太呆了！"大家一个劲儿给我"打气"。我也只好把他们教我的应聘"须知"背了个滚瓜烂熟。

带着一种极为复杂的心情和大家的重望，我进城报名了。报名时，我按既定方针，把那套"须知"背了出来，负责报名的同志，什么也没说，只说我这种情况很特殊，需要向总编请示。不一会儿，总编站到我面前，和蔼地让我把自己的情况再介绍一遍，我先递上了自己的作品，趁他一边看我的作品，一边又硬着头皮把那套编好的谎话重复了一遍，而且还自我感觉就像没撒过谎一样，反倒有点认为自己的经历本身就是那样，难怪大伙儿都说："谎话说三遍自己也当真了。那总编一边听一边点头，不知是对我的作品满意呢，还是对我的话表示赞许，反正听我讲完后，他抬起头来说："可以，报名，准备考试。"我如释重负填好报名表，说了声谢谢，转身就往外走。

刚刚走出门，忽然觉得自己丢了一件东西，一件很重要的东西！什么东西？本性！我固守了二十多年的诚实本性！不行，我得找回来！工作丢了可以再找，可诚实的本性一旦丢了。人生将永远是道遗憾的风景。

我急匆匆地返回招"聘"办公室，那位总编也刚好要返回自己的办公室，"总编……"我喊了一声，"什么事？小伙子。"总编笑着问。"我……我"我又犹豫了，一旦说了，自己不成骗子了？人家还能用你吗？我的记者梦也就成为泡影了。"什么事呀？"总编又问了一句。"我想问问什么时候考试！"我舌头一转，冒出这么一句。"12号下午考试，刚才不告诉你了吗？""啊，谢谢。""没事了吧？""没事了。"我说。"不，我有事！"我一下子鼓起了勇气："刚才，我……"我低着头涨红着脸，把自己如何搞谎话的经过，全抖搂了出来！说完后，浑身一阵轻松，脸也不再那么热了，我也抬起了头："事情就是这样的，总编，我走了！"我转身就要离去。"等等，小伙子！你仍然可以参加考试。""什么？我还可以参加考试？"我吃惊地望着总编。"是的，小伙子，我喜欢你这种知错能改的勇气！""可我没有你们要求的大专学历呀！""这并不代表水平！""我没有新闻经验！""经验不是天生的，需要锻炼！""我发表的作品也不多。""见功力的文字，一篇也就说明问题，当然，你能否被录用，还得看考试后的综合成绩！"

就这样，我在一周后参加了考试。最后在50名应聘者中以第三名的成绩被录用为编辑。

报到那天，总编笑着问我："小庄，你知道，你那天报名走出后回来，我为什么还在招聘办公室吗？"我摇摇头。"我在等你！""等我？""对，等你，我知道你一定会回来。""你知道我在撒谎？"总编点点头，"您有特异功能？"总编又笑了："我有什么特异功能，你们县电台的陈吾长是我同学，他早就向我提起过你，对你的情况我早已了如指掌，我看你说完谎话后的样子，就知你肯定会回来的，如果你那天不回来，你的成绩再好，我也不敢用你！知道吗？"天啊，人事早已知道我了，我还瞪着两眼编瞎话呢，好险呐，想到这儿，我不由得冒了一身后怕的冷汗……

总编看我手足无措的样子，严肃而亲切地说："行了，小伙子，也别自责了，改了就好！要记住，做人还是以诚为本的好！诚实到什么时候也不吃亏！"

"以诚为本"，我心中默念着。是啊，文凭、作品、经验……只是求职的一些必备要素，而诚实才是我求职成功的真正绿卡啊！

（庄稼汉）

红裙姑娘

那天，当老板的朋友招聘雇员，特请我去参谋。我坐在老板旁边，不少人都是拿着《新晚报》来的，那上边刊登着招聘启示。人越来越多，突然有一个穿红裙子的姑娘，觉得面熟，一时想不起来，她看我，也愣了一下，继而想走，又没走，还是掺杂在人群里。

轮到红裙姑娘，姑娘走近眼前，我想起来，是她。

一个月前，在中央大街，我接到妻子传呼，正赶上手机电不足，只好到附近一家挂着"公用电话"标志的小店回话。

一位打扮入时的姑娘，正在打电话，我只好等候。姑娘挺投入，一面絮叨个不停，一面还不时发出几声娇笑，看来是"情笑绵绵无尽时"了，话题从"看电视"扯到"逛商店"又拉到"买时装"……等，"热门话题"没完没了。妻子又传呼，响个没完，看来有什么急事，我不耐烦了，只好礼貌相催："小姐，能不能快点儿？我有急事。"谁料，她回头瞪我一眼，竟扭动一下屁股转过身去背对着我。更让我不能容忍的是，她打完电话，又是对我发起"小姐脾气"，嘴巴厉害得像刀："我打电话就喜欢这样，爱打多长时间就打多长时间，又不用你付钱，你在旁边唠叨什么？有能耐你买手机，就不用等公用电话了！"我一听禁不住，反唇相讥："你这人真不懂礼貌，公用电话，让你长话短说，你怎么还有理了？"姑娘白了眼，咧着红唇还想往外吐什么，小店老板前来劝说，指责姑娘无理。姑娘丢下5元钱，扭身愤愤而去，临走还抛出一句："讨厌！"天晓得到底是谁讨厌。

我想，这位红裙姑娘，绝不会忘记那段"回忆"。

我真想提醒朋友，这红裙姑娘不能聘，又一想，如今找一份工作不易，不能太"小家子气"。

考核时，红裙姑娘对答如流，朋友很满意，问我怎么样？我沉默着，红裙姑娘着急了，脸红了，眼睛注视着我，可以看出，她是在乞求我，我敢说，我一句话，她肯定落聘。

我轻轻点了一下头，这时，传呼又响了，我离开座位，到门外去打手机。红裙姑娘跟了出来，叫住我，红着脸，向我道歉。我没怎么理她，打完手机，我告诉她；从刚才回答问题，知道你很有能力，没等我说完，她抢着说："光有能力不行，今后还得提高素质和修养……"。

（关向东）

从最重要做起

常常同时遇到若干件非做不可的事情，这时往往手忙脚乱不知所措，或这件做做那件做做，结果一件也没做好，或做好一件但最重要的却搁下来了。

遇到此种境况，最需要平心静气先排排序，排序的原则自然是先重后轻，先急后缓。心不平气不静则最易花眼乱套，把轻当成重把缓当成急，结果重事不重急事不急。

排序之后同样需要平心静气，一件件地做。手里捏的就是心里想的，做好手头的事，是最重要的。做事最忌心猿意马，能在最短时间将精力专注于一事一物，是最大的本事。

在摄影上，这就叫作"聚焦"。焦，就是最重要的那一点。把目光集聚在最重要的那一点，更容易成功。

当然，其他也不是不可以兼顾，只要确保了最重要的。

（欧阳斌）

帮助了别人也帮助了自己

　　人无法逃离社会这个事实就注定了人无法摆脱对社会的责任。每个人的人生角色决不是纯粹的自己，每个人生命的意义也正是体现在与许许多多别人的共处之中。

　　无私的人正是看到了这一点，并诚实而自觉地把自己融入了别人的生活，而给别人以温暖和美意，同时也使自己快乐和充实。

　　自私的人正是无视这一点，拼命而冷漠地从别人那里为自己索取和争夺着什么，自己臃肿到了可怜的地步，还遭到了别人的蔑视和不齿。

　　其实，人在旅途，既需要别人的帮助，又需要自己帮助别人。

　　也许没有比帮助这一善举更能体现一个人宽广的胸怀和慷慨的气度的了。不要小看对一个失意的人说一句暖心的话，对一个将倒的人轻轻扶一把，对一个无望的人赋予一个真挚的信任。也许自己什么都没失去，而对一个需要帮助的人来说，也许就是醒悟，就是支持，就是宽慰。

　　对于一个身陷困境的穷人，一枚铜板的帮助可能会使他握着这枚铜板忍一下极度的饥饿和困苦，或许还能干番事业，闯出自己富有的天下。

对于一个执迷不悟的浪子，一次促膝交心的帮助可能会使他建立做人的尊严和自信，或许在悬崖前勒马之后奔驰于希望的原野，成为一名勇士。

就是在平和的日子里，对一个正直的举动送去一缕信赖的眼神，这一眼神无形中可能就是正义强大的动力。对一种新颖的见解报以一阵赞同的掌声，这一掌声无意中可能就是对革新思想的巨大支持。

就是对一个陌生人很随意的一次帮助，可能也会使那个陌生人突然悟到善良的难得和真情的可贵。说不定当他看到有人遭到难处时，他会很快从自己曾经被人帮助的回忆中汲取勇气和仁慈。

给人以帮助，实实在在地实践了自己向善的思想，同时也会为自己真切的付出而感动，这种感动使自己看到了自己作为人的灵魂的不俗和不凡，于是做人的境界又高了一层。

在给予别人的帮助中，总是贬斥了自己人性中的一些不真不善不美的阴影，粉碎了自己潜藏的自私、胆怯的恶意，轻易或艰难的自我审视和决断，毕竟磨练和考验了自己的崇高与虚伪的较量，终于伸出了援助之手，自己当了一回自己的赢家，灵魂自然在洗礼中得以升华。

这也许已超出了对别人帮助的意义，从做人长远的眼光来看，这恰恰是对自己更高意义上的帮助和拯救。

相反，不肯帮助人，总是太看重自己丝丝缕缕的得失，这样的人目光中不免闪烁着麻木的神色，心中也会不时地泛起一些阴暗的沉渣。别人的困难，他可当作自己得意的资本，别人的失败，他可化作安慰自己的笑料，别人伸出求援的手，他会冷冷地推开，别人痛苦地呻吟，他会无动于衷。至于路遇不平，更是不会拔刀相助，就是见死不救，也许他还会有十足的理由。自私，使这种人吝啬到了连微弱的同情和丝毫的给予都拿不出来。

也许这样的人没有给人帮助倒是其次，可怕的是他不仅可能变成一个无情的人，因为他的心除了只能容下一个可怜的自己，整个世界都无需关注关切和关心。其实，他也在一步步堵死自己所有可能的路，同时也在拒绝所有可能的帮助。

失去世界对他来讲也许有些空洞，而切实地是最后他可能会真的失去自己。

帮助别人，也是在帮助自己，前者是有形的有限的，而后者则是无形的无价的。

帮助别人带来的快乐，是高尚的也是美好的。

给人以帮助吧，即使眼下没有机会，至少也要保持一种帮助人的思想和准备，这样，我们面对大阳才不会羞愧和空虚，睡着了才会踏实和放松。

（黑马白浪）

让一寸，进一尺

在人际交往中，让步是一种常有的现象。让步不是懦弱的或失去人格的表现，而是一种修养、一种艺术。尽管许多人都明白这个道理，可真到做时又往往不肯让步了。那么让步到底有什么好处呢？

赫蒙是美国一个很有名的矿冶工程师，他毕业于美国的耶鲁大学，又在德国的佛莱堡大学拿到了硕士学位。按理说拿着这些名牌学府的文凭找工作一定会被优先录取，可是当赫蒙带齐了所有的文凭去找美国西部的大矿主赫斯特的时候，他却遇到了麻烦。那位大矿主是个脾气古怪又很固执的人，他自己没有文凭，所以就不相信有文凭的人，更不喜欢那些文质彬彬又专爱讲理论的工程师。当赫蒙递上文凭时，赫斯特很不礼貌地对赫蒙说："我之所以不想用你，就是因为你曾经是德国佛莱堡大学的硕士，你的脑子里装满了一大堆没有用的理论，我可不需要什么文绉绉的工程师。"但是聪明的赫蒙听了这番话不但没有生气，相反心平气和地回答说："假如你答应不告诉我父亲的话，我要告诉你一个秘密。"赫斯特表示同意，于是赫蒙对赫斯特小声说："其实我在德国的佛莱堡并没有学到什么，那三年就好像是稀里糊涂地混过来一样。"想不到赫斯特听了后就笑嘻嘻地说："好，那明天你就来上班吧。"就这样，赫蒙运用了必要时不妨让一步的策略，轻易地让一个非常顽固的人消除了成见。

也许有人认为赫蒙那样做不十分合适。当然一件事情的处理往往不是面面俱到、十全十美的，问题是这样处理之后能不能做到既没有伤害别人又能把问题解决掉。就拿赫蒙来说，他贬低的是自己而不是别人，他自己的学识如何，当然不在于他自己的评价，就是把自己的学识抬得再高，也不会使自己真正的学识增加一毫，反过来贬得再低也不会使自己的学识减少一分。

美国著名政治家帕金斯30岁那年就任芝加哥大学的校长，有人怀疑他那么年轻能否胜任大学校长的职位，他知道后只说了一句："一个30岁的人所知道的是那么少，需要依赖他的助手的地方是那么的多。"就这短短一句话，使那些原来怀疑他的人一下子就放心了。像这样的谋略一般人是不愿采用的，人们遇到了这样的情况，往往喜欢尽量表现出自己比别人强，或者努力地证明自己是有特殊才干的人。然而，一个真正有能力的人是不会自吹自擂的，所谓"自谦则人必服，自夸则人必疑"就是这个道理。

让步其实只是暂时的虚拟的退却，为了进一尺有时候就必须先退一寸，为了避免吃大亏就不应计较吃点儿小亏了。在美国，副总统是个闲差，可是华盛顿在任时的副总统德雷斯顿却把这个职位变成具有实权的职位，德雷斯顿运用的就是这种策略，他常常在演说时讲一些他作为副总统闹出的笑话。这样做的结果非但没有贬低自己的形象，反而赢得了人们的敬佩和拥护。

（张兴）

为　人

　　在这个世界上，对人来说，似乎只有一件事是必须的，那就是做人，从出生开始，这一使命就指向了我们。

　　孩子在接受正统教育之前，先被教育如何做人。几乎每个家长都按照比较接近的标准去教育孩子，比如告诉孩子，不许撒谎，不许偷盗，不许打人等。但哪个国家，哪个社会形态拒绝了骗子、小偷或凶手？

　　所以，我理解，做人是自己的事。

　　作为一个偶尔写点东西的人，多年后悟出了这样的道理：做人比做文更难。在文章中你还可以把自己不尽如人意的地方粉饰一下，调侃一下；还可以把在自身无法实现的崇高人格，寄托给一个被你创造出来的角色，从而让自己虚幻地满足欣喜一下。而做人，它是两脚站在地上，它是身在人海，它是心向上帝，它太真实了，来不得半点虚假。

　　做人太较真了。

　　但做人也有令人愉快的一面，那就是你可以选择。在做一个好人的前提下，你仍有许多可能，一个乐观的好人，一个忧郁的好人……等等。同样做一个坏人也如此。生活根据你的选择，为你提供试题，让人不停地答卷，最后在心里为自己打分。生活像一场隐形的考试。

说了半天做人，没说做事。其实决定这样做人，也就要这样处事。处事不过是做人的具体方式。

人常说，"做人难"，说得没错儿。不过，我还是高兴，我是一个人，一个女人，而不是一只能跳跃的猴子。不过，要让我在人和一匹漂亮的白马之间选择，我还是会犹豫很久的。一匹白马在绿色的草原上驰骋，看上去的确比做一个人美丽许多。

所以，做人还得经住诱惑。

（皮皮）

做人成功才是真正的成功

关于成功，不同的人必然会有不同的理解，有人捞到了一官半职，便举杯庆贺，志得意满；有人在某种机遇中获得巨额财富，便财大气粗、不可一世；有人在跟对手的一次争锋中取得胜利，便为自己的成功洋洋自得；有人在发表了一两篇文章后，便以文学家的姿态出现在别人面前；有人在和别人交往时，占了点便宜，便为自己的聪明叫好。

但是，上面所说诸种人所谓的成功，并不是真正意义上的成功。能捞到一官半职，多数情况下是因为你运气好，不一定是你本领大，如果你没有对人生真正成功有一个正确的认识，当官未必能让你在所谓成功的路上成为一个真正意义上的人。陈希同、王宅森之流，能说官做得不大吗。到头来，不也因为不知珍重自己而成为罪人了吗！

一夜之间成为巨富，让人羡慕倒是事实：但要明白，财富在智者的眼里不过是来去不定、聚散无常之物，并不值得看得太重，李白的千金散尽还复来，虽然有几分无可奈何。但毕竟是一种智者对金钱的潇洒、但如果以金钱获得的多少作为是否成功的标准显然是不高明、也不合实情的。那些以自己有钱来争豪斗富的人，用来吃黄金宴的人，除了让人作呕之外，还能让人得到些什么呢？与人争锋而获胜，只能说明你是一只好斗的公鸡。发表一两篇文章，不过说明你有一门手艺。占别人一点便宜。只能证明你自己的人格低下。这些，不能说是真正意义上的成功。

笔者认为，只有做人成功，才是真正意义上的成功；做人成功，才能成为一个真正的人。生活中常有一些人，虽然风度翩翩、仪表堂堂，但他们追求起物质利益不择手段，为了自己的个人利益可以求荣卖友，可以寡廉鲜耻；甚至无所不为，把自己的享受建立在别人的痛苦之上；还有一些人唯唯诺诺、见风使舵，为了攀上高枝，不惜以出卖人格，不知人间有羞耻二字。这样的人也许在生活中能获得一些世俗的利益，但这能叫作成功吗？即使他们到了令人瞩目的位置，有一般人无法企及的生活水平，但由于他们的人格不值一提，只能说明他们是一些如哲人所说的"享有快乐的猪"，不能说他们是成功者。由此可见，人生的成功，必须是首先做一个真正的人。

要做一个真正的人，其实并不难，一要有良好的道德修养，二要有做人的志气。道德修养，是做人的根本，尤其在当今社会，能保持人格的独立，不以物喜，不以己悲，不形为物役，不被喧嚣的世俗浸染，不为势力所动，才能成为真正意义上的人；要有做人的志气，就是指君子有所不为，即使那些在世人的眼里是有天大好处的东西，但由于不合自己的生活原则，也不为之所动，更不会在追名逐利的路途上如蝇逐臭、如蚁排兵。但是为了追求人生的真正价值，纵然是刀山火海，也在所不辞。倘能如此，便可在成功的路上勇往直前。

做人成功，才能战胜自己。评价人生，要看一个人在人生的逆境中或者在人生的重要关头能否战胜自己。人的一生不会一切都一帆风顺，即使从表面看不出某人在生活中有什么曲折，但只要细追究一下他们的心路历程，也会发现其中充满种种矛盾和斗争，成功者就是那些在生命的关键时刻能战胜自己的人。北大教授季羡林先生，在"文革"中，由于不堪忍受残酷的折磨，他便准备结束自己的生命，他已经写好了遗书，只剩下一死了，但在这时，一群红卫兵拉他去游斗。事后，他改变了主意。他发现那么残酷的折磨都能忍受，世界上还有什么东西能让人不能接受呢？于是，他便不再自寻短见了。他就这样坚持了下来，"文革"后，他在学术上又焕发了青春，他的两部字数最多的著作《糖史》和《弥勒会见记剧本》译释；便完成于"文革"之后，1992年，他还写出了让人们赞不绝口的《牛棚杂忆》。他是一个成功者，他的成就与他能战胜自己不无关系。

也有一些人，不能说没有名气，但由于在人生的重要关头，不能战胜自己，虽然他们在某一方面不能说不是个成功者，但毕竟因为人格的缺憾被历史钉在了耻辱柱上。如汪精卫，如周作人，他们由于不能战胜自己，在生命受到威胁的时候，投敌叛国，成为千古罪人。其中的周作人，虽然在文学方面取得了极大的成就，但他只能算做一个成名者，不能算做成功者。

有一些人，虽然他们的生活是清贫的，人生道路是艰辛的，遭遇是悲惨的，但他们为了追求自由而付出了代价。他们在清贫中拥有精神的自由，让人高山仰止，他们才是真正的成功者。古代的如陶渊明、苏东坡，一个不为五斗米折腰，弃官还乡；一个一生被贬，仕途屡踬。但他们的精神是自由的，一个高唱"心远地自偏"，一个"羡宇宙之无穷"，他们是令人羡慕的能做到心灵放飞的人，现代如顾准、陈寅恪、王小波，顾和陈在风雨如晦的岁月里，一个成为中国现代最清醒的人，一个在目盲足膑的情况下，以他的坚强意志，写出《柳如是别传》等表达自己心灵放飞的作品。王小波在他年轻的生命中，敢于表达自己对社会和人生的见解，说别人不敢说的话，在短短的生命历程中建立起了自己的精神家园。他们是成功者，是真正的成功者。

作为生活中的人，如果你有运气，可以有权或者富有，可以在某一方面对社会做出贡献，但不能把权力和财富的获得视为真正的成功，而应当做一个真正的人，做一个能战胜自己的人，做一个能让自己心灵放飞的人。如果你一生无权且贫困，也大可不必为自己的低贱而灰心丧气，只要你能保持着自己的精神自由，不断在你生活的条件和环境下战胜自己，完善自己的人格，那么，你便会发现自己的人生也会十分充实，你也会成为一个真正的成功者。

（田永明）

他们最值得尊敬

每次在上班途中看见那个卖早点的女子，我都免不了怦然心动。

一个卖早点的女子，早上起来该有多少事要做，但她偏偏就有描眉打口红的心情，偏偏就有把头发梳理得一丝不乱的工夫，身上穿的衣服也是又干净又抢眼。

卖早点的女子我见得多了，可在我们这个小地方，描着眉打着口红卖早点的女子我还是第一次见到。我真想为她拍一张照片，把她的那种凭劳动吃饭就能大大方方见人就要自珍自爱的"神气劲儿"拍下来。

我也时常到她的早点铺里吃牛肉粉或者凉面。望着像一个时装模特似的她宛如一株盛开的美人蕉，立在放满各种吃食和作料的案板前，嘴里招呼着客人，手里忙活着生计，我的心里就油然生出一种敬意。

"凭自己的双手挣饭吃腰就挺得直""一个人勤扒苦做，不偷不抢，就不下贱""人要活得有骨气，就不能好吃懒做、好逸恶劳"……在我很小的时候，我的外婆就给我一再讲这些话。我的外婆开过饭馆，炸过油条，到棉花公司跟男人一样扛过包，实在扛不动了，她就到废品公司里领又脏又臭的塑料布回来洗，洗一斤才几分钱。

我的外婆一辈子都是挣"小钱"的人，但在我的心目中，她却是最有分量的人，是我一生为人处世最坚实的榜样。

所以走在街上，看见那些身处平凡却无怨无悔地靠着自己的双手挣饭吃的人，看着他们忙碌着给别人做早点、修雨伞、擦皮鞋、配钥匙的身影，我的心灵深处就会为之生出感动，我就会向他们投去由衷钦佩的目光。

所以我的朋友中也有自食其力的"个体户""打工仔"，尽管他们没有"级别"，没有"身份"，但他们在我这里"享受"到的尊重，一点儿也不比那些有级别有身份的人差。

那些空有级别空有身份而又唯我独尊自以为是的人，在我心里是不会有丝毫地位的；这种人，在我的寒舍里也是没有一席之地的。在我看来，一个人做人的光荣，既不来自级别也不来自身份，人生的光荣，只能来自他诚实的劳动和对社会的实际贡献。

让所有诚实劳动的人，对社会有实际贡献的人，活得幸福滋润扬眉吐气，并且不受那些空有级别空有身份的人的伤害，才是一个社会真正健康进步的表现，才是千百万人为之奋斗的真正目标。

这样一个健康进步的社会正在一步步地向我们走来。这是我的自信，或许也是那个像欢度一个个节日似地站在案板后面卖早点的女子的自信。

（陈大超）

忠诚无价

　　我参加过的婚礼弄不清有多少次，时间久了大都没有什么印象，可在两年前我出席的婚礼上的一个小情景，却让我常常回味。新娘在一所高校任教，漂亮可人，又有好人缘，那天宾朋满座，代表来宾致辞的是在她学校交流的外籍女教师，她向大家讲了一个小故事：有一次她和这位新娘一起到机场送一个回国的日本教师，在行李检查处，有人从衣服的口袋里滚落一枚一角的硬币，可能是不在乎这区区一角钱，没有捡起，这样后面的人便踩了上去，这个新娘弯腰将一角硬币捡了起来，并用手轻轻地拂去上面的尘埃，快步向前，把这枚硬币交给那人，对方起初觉得尴尬，不肯接收，甚至面有愠色，她便对那人说道："先生，你可以不在乎这一角钱，但在这上面有我们的国徽，不能践踏。"说完这个故事，这位外宾对在场的人讲道，这个新娘对国家忠诚令人深感敬重，在个人感情上，我相信她也将忠诚如一，用真挚的爱心与她的先生共筑幸福的家园。

　　一个人若能拥有忠诚的品质，自然便能赢得人们的敬重和信任，这是多少金钱都无法换取到的。忠诚无价，她对一个人的生活和事业实际上有着无穷的益处。

可以说，人们对忠诚的重视是不分国界不分肤色的。国外某著名航空公司在开辟该国首都至北京的国际航线时，为业务需要，在我国招聘空姐。有个小姐各方面的条件都较优异，被航空公司的主办看好，拟作为领班。在面试就要结束时，该主办问了一个小问题："公司准备在本国用三个月的时间对所有受聘人进行一次培训，这样的话，你远离自己国家和亲人，在生活和感情上可适应吗？"这位小姐回答说："我离家在外已经有几年了，自己一个人生活已习惯了，至于出国吗，也没关系，说实在的，在这儿我早已待腻了！出去不是更可以多见识吗？"对方听到这话，脸上的笑容马上消失了，待她走出门后，就在她的表格上写上了"不"，对其他人解释道："一个对自己的国家都不忠诚的人，又怎会忠诚于公司呢！"

不论人心与世风如何变化，可忠诚这一优良的品质，永远焕发着她的光芒，人们越加地视之为珍宝。但愿在我们的一生里，都能永久地以这一可贵的品质去待人处事，且以此拓展我们的基业，那么，我们的生活、事业和爱情，都将因为忠诚这一品质的滋养和支持，得以幸福成功和美满。

（林润瀚）

拒绝平庸

平庸具有极大的诱惑和魅力，它消融你的意志，吞噬你的毅力。它是一潭死水，在你的周围，让你沉溺；它是一团迷乱的空气，散发着罂粟花的香味，弥漫在你的周围让你迷醉，渐渐吸干你的精血，使你无力地瘫倒在地。

平庸是走向沼泽的必由之路，平庸是被柔软的沙海陷落的唯一选择，平庸是使你成为平庸者的全部原因。

平庸者只知道退却，只知道投降，只知道随遇而安、逆来顺受、随波逐流；平庸者不做大事，不见成功；平庸者不做龙，只做虫。

拒绝平庸便不仅是一种号召，一种热望，它是一次真正的行动、主动的出击、持久的战斗。它手握利剑，斩关夺隘，拼出所有的力量，大胆而勇敢地反叛，高喊一声"不"；它咬破茧壁，蜕皮去壳，拒绝自己对自己的封闭。这是对畏怯艰难的拒绝，浅尝辄止的拒绝，自我封闭的拒绝，是对懒惰的拒绝、冷漠的拒绝、沉沦的拒绝、眼泪的拒绝。

俯瞰人类文明的进程，便是拒绝平庸的进程。历史拒绝了平庸，才走向伟大；时代拒绝了平庸，才走向了辉煌；人生拒绝了平庸，才走向了崇高。

鲁迅把别人喝咖啡上厕所的时间都利用起来，吃的是草，挤出的是奶和血，这是一种对平庸的拒绝；"头悬梁，锥刺股'是对平庸的一种拒绝；荆轲刺秦王是一种对平庸的拒绝；二万五千里长征是一种对平庸的拒绝；马家军进军世界田坛也是一种对平庸的拒绝。拒绝平庸的方式有千万种，拒绝的结果，无论悲歌或壮歌，都将撼动人心，撼动历史。

拒绝平庸的道路，坎坷曲折，绵延跌宕，荆棘丛生；

拒绝平庸的前方，山阻水隔。只有穿过一条漫长的黑暗的隧道，才能望见希望的太阳从地平线冉冉升起的壮观；

拒绝平庸的人生，淌满跋涉的汗水，结满攀登的血痂；

拒绝平庸的头顶，永远高悬着激情的鞭子，驱赶着你，激励和鞭策着你；

拒绝平庸需要满腔的热情，矢志不渝的信念，需要承接下孤独、寂寞的熬煎，需要英雄般破釜沉舟的气概，需要拓荒牛般韧性而执著的耕犁。

如诗如画如歌的人生，风姿绰约的人生，壮怀激烈、慷慨悲歌的人生无不在拒绝平庸。只有在惊涛骇浪中直挂云帆，用生命的血染红旗帜，用双脚剪开恶浪，才能在人生的风景线上高矗起一个博大的你！

（阳云）

有德才有能

一个有才能的人，我们当然应该由衷地尊重他，敬仰他。一个人确实没有才能，没有本领，只要他为人诚朴、谦虚、有自知之明，我们也应该尊重他，劝其不要自卑，努力自强即是。

但是现在社会上却存在这样一种人，他们本来无能，却很自负、自炫，到处吆喝自己是能人，这非但让人接受不了，而且常使人讨厌。

这种人的第一个毛病是好为人师，喜欢充当京剧《打渔杀家》里的教师爷。比如他本来没有发财、成名的本领，是实际上的穷人、庸人，但见了富人、名人时却常常摆架子说："我虽然富了，但不是大富豪；你虽然出了一点儿名，但名气仍不是很大。我们怎样更富更有名？听我告诉你吧！"于是，他能一连气儿说出十个"高明主意"，可惜大都是胡说、吹牛。吹牛过甚必然撒谎，例如对人说："为了你更富更有名气，我卖了不少力气，为你托人、拉关系、找门路多日不闲。"其实他什么本事也没有，也没这种路子、面子。何以要这样说？向对方讨点小利而已。他一再证明他是能人，其实很无能。

而文学界也有许多能人,他们不会写或根本写不出及格的小说、散文、诗歌、杂文,却可以大讲或大写一套一套、一本一本的《小说写法》《散文概论》《如何写诗》《如何创作杂文》等,这些书的内容低于常识,无非靠此作秀和作假而已。眼下国人有个很大的误识:只要一个人有了名,就认为此人注定是有才能有本领的,殊不知"名"这东西是不实的,遭明眼人双倍鄙夷的。

无能的"能人"在各界都有。

例如某些人,对处理有关国计民生的大小之事,既无真诚的心思也无实际的本领,天天靠的是四下里摆大架子,耍大腔调,讲大空话,说大套的虚言,或频繁召开无意义的大会作毫无价值的大报告。这叫什么真本领?可疑。

商界的某些人,地位高的人大讲金融风暴,大讲股票操作,大讲经济全球化;小老板式的人大讲如何把合同书、广告、媒体宣传搞得巧妙,其实大都是虚假的。这叫有才能吗?骗术而已。

教育界的某些人大讲"素质教育"的所谓理论,或有关德育的学问,但他们对如何提高学生素质和提高全民的德育水平在实际上一无所能,一无办法。这叫能人吗?至于文学界、艺术界,有的人只是热衷于哗众取宠式的"才艺表演",根本不知"寓乐于教"的基本宗旨。这叫能人吗?

中国绝对需要能人,尤其需要利国、利民、利世的能人。什么是真正的能人?第一位的就是他的品质、道德、修养,再则是他的才能、本领、学识。拥有这两方面，我们才可以称他为能人，毫无争议的能人。

一个人只懂得"一"，连"二"都不懂，这固然是蒙昧无知。但只会将"二"表述为二千分之一千，二万分之一万，这叫才能吗？当然不是，而且很可能是另一种蠢笨。

真理的第一品格是精明，才能的第一品格是道德。任何才能，都必须以道德达标为起码基础。德是才之母，智是能之父。无真德、无实智的人，即使天天夸能、时时显才，到头来实际上都无非是将愚蠢当聪明来表演而已。总之，有德才有能，不能做无德的"能人"。

（毛志成）

真相和真爱

　　秋日长假，我趴在床上一边剥橘子一边看书，剥好后直接撕下一瓣塞进嘴里，牙齿一合，酸涩像原子弹般炸开，我"腾"地一下从床上一跃而起，自此，精神抖擞了一个上午。

　　下午的时候，我突然想起什么，从垃圾袋里拎出已经被我扔掉的橘子皮，在硕大的橘子皮的中央，我找到了那个凸起来的小包，那样醒目而调皮。

　　多年前的一个冬天，有一次我和我妈去买水果，挑橘子的时候她跟我说橘子是分公母的，橘子底下有一个小圆圈的是母的，这样的桔子甜；而下面凸起来一个小包的是公的，这样的橘子酸。最后她总结说："如果怕记混了，你就想——跟区分男人女人差不多。"

　　我那时候刚上大学，正是扮演崇高知识分子欲望最强的时候，旁边还有别的买水果的人，我觉得我妈的话对不对是其次，关键是极为不雅，我朝她挤了一下眼睛。她倒不以为意："一般人我还不告诉他呢。"

　　回去之后，我在网上搜查她的说法，果真看到了很多宣传"橘子分公母、母甜公酸"的网友，但他们的经验来源普遍都是"我妈说的""我奶奶说的"，或者干脆是"卖橘子的果农告诉我的"，根本没有谁能拿出来让人信服的科学依据。

所以当看到专家反驳橘子酸甜和公母有关系的报道时，我立马来了精神，把专家的话转述给我妈，"专家说了，橘子的酸甜和公母没关系，只和肥料、阳光照射等生长环境有关系。"

我妈听了将信将疑，毕竟这是上了N年学的女儿转述的作了N年研究的专家的话。我见她这样，乘胜追击，紧接着说："还有你以后别当着那么多人说什么'跟区分男人女人差不多'那种话了，多不好听啊。"

但是老人家的记忆力毕竟是差了些。这之后的不久，我做了痔疮手术，手术之后住院一周，医生嘱咐我要吃得清淡些。

一天朋友来看我，碍于面子我没告诉她是什么手术，只含混地说是个小手术。我们正聊着我妈就端进来一碗红烧肉，我问她，医生不是说要吃清淡些吗？她撇撇嘴："你听他胡说！我告诉你，吃什么补什么，我烧的都是猪后座上的精肉。"我朋友闻言怔了一下恍然大悟，看着我哈哈哈地大笑起来。我羞得满面通红，狠狠瞪了我妈一眼，她才意识到自己又说错话了。朋友走后我蒙头就睡，我妈在一旁左道歉右道歉我才消了气。虽然还是不信她所说的"吃什么补什么"，但在美味的诱惑下我还是迅速地消灭了那碗肉。

后来，我比同天做手术的几位病友都恢复得快，提前出院了，不过我把原因归结为我比他们病情轻、比他们年轻力壮、比他们心态好……总之就是没觉得是我妈做的那几碗红烧肉起了什么作用。只不忘时时提醒她："吃什么补什么这种话再不要随便说了。"

往事一幕幕，我正在回忆着，千里之外的妈妈打电话来询问我中秋节过得怎么样，聊了一会儿我突然说："我今天吃了一个公橘子。"

我妈问："你怎么知道是公的？"

我笑着说："你不是说和区分男人女人一样吗？"

"酸不酸？"

"酸……"我说着，突然呜咽起来，眼泪不由自主地滚落下来。她着急地问我怎么了。

我抹了眼泪，又破涕为笑："吃什么补什么，它把我鼻子补酸了。"

从橘子到红烧肉，妈妈的话是真理还是谬论我现在依然无从得知，但这已经不重要了，在生活的细枝末节上，真相和真实的爱比起来，永远都是微不足道的。

（温宝）

不要揉碎别人的那朵云

　　昨天，我收到一位大学同学发来的邮件，一直骄傲的他忽然变得有些颓丧，他说："我的云朵被揉碎了"。

　　他毕业后一直远离家乡生活，在外地的税务局做个小职员，娶妻生子，生活得平淡而安逸。他不喝酒、不抽烟、不赌博，唯一的业余爱好是绘画，常常背着他的画夹去野外写生，他最喜欢画的是云朵，一朵一朵不同姿态的云，在他眼里，是那样美丽，令他着迷。

　　当他把一朵朵云转移到他的画板上的时候，他是宁静而快乐的。简单的生活，可以让灵魂自由自在地呼吸。

　　放长假的时候，他回到父母身边小住，那是一个更大更繁华的都市。起初团圆的喜悦和新鲜激动着他，听听事业各有所成的哥哥姐姐大讲他们的发家史，更是让他感到妙不可言。坐在一起把那点故事讲了几十遍后，哥哥姐姐们开始把话题转移到他身上，开始品评他的性格，他的思想，他的衣装举止，他的家庭工作……在与哥哥姐姐们的"成功"相比之后，他的一切统统被贴上了"失败"的标签。他说："他们用心良苦地帮我彻底了解了自己，他们解剖了我，得出了正确的'研究成果'，但是我也支离破碎了。"

读完他的电子邮件，我悲从中来。朋友说他"变得不能思考……"，他被爱他的人说糊涂了，一下子感到现实很迷茫。

哥哥姐姐们开始为他设计未来，有的要给他投资，让他下海淘金；有的想把他从外地调回来，"你不能再这样消沉下去了，你要养成一些更适合与人交流的爱好，你又不想当画家，不要整天画那些呆板的云朵。"他的喜好在他们眼里变得一无是处。他的云朵被他们的逻辑彻底揉碎了。

本来在自己的一方小天地里过得好好的，有自己安静的生活，却忽然有一天，那片安静的云朵被撕碎，生活的天空也变得混乱不堪。

曾经看过一幅关于小狗史努比的漫画——史努比在冰上溜着，玩得正高兴，这时，走来一个穿溜冰鞋的小女孩严肃地纠正它："你连溜冰鞋都没有穿，这不是溜冰，只不过是滑行！"史努比一下子茫然了，停下来呆呆地自语："我还以为我刚才玩得很高兴呢！"

史努比变得忧伤，一颗轻盈的、在冰面滑行的心，变得无比沉重。

我的朋友就像史努比一样，在一段时间里迷茫着，不知所措。但最终，他还是拒绝了亲人们的热情帮助，因为在他看来，他心中的那些云朵比任何财富都重要。

每个人都有属于自己的一朵云，那朵云不分贵贱，不分高低，你不能轻视它，更无权嘲弄它。所以，任何时候，经过别人心灵的时候，都要小心，轻拿轻放，尽量不要揉碎别人的那朵石。

（朱成玉）

做人当有底气

一个人立身行事，当有底气支撑。底气足，则事业兴、道路广。

与人交往，缺少人缘，这是人气不足，不能以自己的人格魅力吸引他人。任务面前，有人不敢接，能推则推，这是因为才气不足。遇到困难，需要克服，有人退缩，这是豪气不足。总之，人气、才气、豪气构成了做人的底气。

底气决定着一个人的魄力和办事风格，底气足，则处事雷厉风行、果断有力，做人昂扬向上、独领风骚。底气不足，则畏畏缩缩、优柔寡断，让人不可信、不放心，必失之于软、困之于力、流之于俗、毁之于形。因此，做人需要底气，做事更需要底气。

有没有底气，取决于有没有下真功夫、苦功夫、实功夫。一个人博览群书、知识十富，而不是头脑空空，就有底气；艰苦奋斗、以苦为乐，而不是贪图安逸，就有底气；遵纪守规、以身作则，而不是违法违纪，就有底气；正气凛然、刚正不阿，而不是阴谋诡计，就有底气；胸怀全局、顺应大势，而不是井底之蛙，就有底气。底气，实质是良好品德的表现，是能力素质的体现，是严格自律的彰显。

底气从何而来？

底气从高尚的人品中来。人生在世，德为第一。没有良好的人品官德，就会失去为人行事的根本，底气自然缺失。试想，如果做了亏心事，整天魂不守舍，战战兢兢，何谈底气？只有自觉加强人格修养，牢固树立正确的世界观、人生观、价值观和权力观、利益观、地位观，模范遵守社会公德、职业道德、家庭美德、个人品德，则必然底气充盈，行为世范。

底气从高超的本领中来，"激湍之下，必有深潭；高山之下，必有深谷"。深厚的理论素养、十足的知识内蕴、成熟的思维能力，是一个人不断前行的底气支撑，否则，英雄气短，难酬壮志。可见，欲增强为人做事的底气，必长于学习、精于学习。学习不仅是自我的精神追求，更是益气强能的根本途径。有了学问，好比站在山上，可以看到很远很多的东西。只有拨冗潜学，做到立足于勤、持之以恒、根植于博、专务于精，升注重学习、思考和实践的有机结合，不断实现知识向能力的转化，则必然能学富五车、底气十足。

底气从高度的门律中来。底气也是一种气节，节高则气壮，节破则气消。如今，我们面临的诱惑与日俱增，如果没有严格的自律，一有好处就无所顾忌，心役于名缰利锁的禁锢，丧失气节，自然也会失去底气。因此，保气节、增底气，必洁身自好、公道正派，自觉做到坚持真理不退步，面对矛盾不却步，把握原则不让步，无论何时何地，心不动于微利之诱，目不眩于五色之惑，襟怀坦荡，正义凛然，敢于同一切不正确的思想和行为做不懈的斗争。如此，"任尔红尘翻滚，我自清风明月"，心有浩然之气，底气自从心生！

总之，做人需要有底气：一个有底气的人，才会淳朴、善良、执著，才算得上是"一个高尚的人，一个纯粹的人，一个脱离了低级趣味的人"，才能创造美好的人生。

（桑林峰）

年少的情谊真好

对门搬来一家新住户。从他出门挎书包、握书卷的样子，加之稚气未尽的面色，可以判定：他是一个学生。但他张扬的发型、时尚的服饰、悠然的神情，使人难以把他归于一个高中生。因为，被高考压迫的高中生绝不会有他一路高歌、拾阶而上的放松，还有不时三五欢聚、爆发出一阵阵朗朗笑声的闲暇，所以，他的学生身份只有一个可能，是这儿唯一一所本科学院的大学生。

看起来，他的家境殷实，没住校，而是租赁一套六七十平方米的房子，由母亲陪伴，照顾生活。

一个早晨，偶遇同出。他迈着弹性的步子，一股风似的"噔噔噔"从楼梯上一旋而下，越我而过。造型别致的头发在晨风中闪着飘逸的亮光。满身除了时尚，还洋溢着光鲜和青春。肩上随意地斜挎着一款流行的书包，又添一分年少的秀色。看情形是去上学，等双脚刚跨出大门外，他一招手拦了辆出租车，扬长而去。其实，他距学校并不远。看着他洒脱的样子，我不由感慨现在的孩子：一个个是在父母酿的蜜罐子里泡大的，成长的每一刻，都能拧出甜甜的幸福！这样的奶油身板，能扛什么？

时光匆匆，一学期很快过去，寒假到来。我发现，多日不见那位母亲的身影，她大概回去作年前的准备了，而那个学生仍留在这里。想来，和自己年少时一样，他也眷恋城市的繁华似锦吧，这是年轻的通病。可是，一连几日，在一定的时刻，楼梯上就传来踢踢嗵嗵上下楼的脚步声，还伴着喧哗，又有出出进进频繁的关门声，吵得人不得安宁，我不由暗生埋怨。

一天，开窗透气，从隔壁的窗口传来一句"当电路闭合时，在电源外部，电流的方向是……"我忙细听，像是讲课。经过留心，基本证实了自己的猜测。但是，以男孩养尊处优、娇生惯养的样子，能吃得了那苦？看得上那样的辛苦钱？

为了破解自己的疑虑，我瞅准下课补习生拥门而出的时机，及时上门借一把钳子。我看见：两个陌生的男孩正把客厅散摆的桌椅向一面墙脚集中、靠拢，而我的邻居卖力地擦着一块临时大黑板。飘飞的粉尘践踏着他的发型。惊异之余，我的疑虑迫不及待地脱口而出。

原来，邻居新入学的班上，有两个家境困难的同学。一学期要结束了，他们开学应缴的学费仍无着落，急得两人上蹿下跳，无计可施。于是，热心的他想到，乘假期办一个面向初中生的补习班，为同学解围。由两个缺钱的同学分担物理、数学课程，他负责英语。当我问到收益时，两个同学抑制不住心头的喜悦，争抢道："每人200元，现在近20个学生，我们其中一个的学费已差不多了……""我们三科同开，只交一门课的费用，可以免费补习另外两门，还有新增的生源出现呢！"

他们的话，确实叫人欣慰。我望着忙着扫地的邻居，问："你无偿提供地方，又那么辛苦，不吃亏吗？"

"这有什么？同学之情能用钱来衡量吗？再说，那些钱对他们多重要？如果按投入和分工计较得一清二楚，不就成了做生意，能叫帮助吗？"邻居一脸认真。好像我提了一个多余而不值一虑的问题。最后，他还表示，一定要办好补习班，争取更多的生源，与同学坚持到毕业。

真没想到，少年的时尚里竟然隐匿着让人刮目的高尚，我的敬意油然而生。

（张小梅）

输在起点赢在终点

因为贪玩和偏科，他中学的成绩一塌糊涂。

16岁那年夏天，一家留学机构到成都招考留学生时，他正在读高中。面对这一机遇，全家人觉得与其让他苦苦煎熬，成绩倒数，不如让他换一个生活方式，一是改变一下生活环境，二来可以继续完成学业，无奈之下作出一致支持他留学的决定。几天后，他带着一种"胜利大逃亡"的心境，踏上了赴美国留学的旅程。

然而，到达美国后他惊呆了，本以为想象中的美国遍地如纽约一样是高楼林立，最终到达的竟是一座乡村中学，位于美国西岸俄勒冈州中部一个叫"密歇尔"的小镇上。而作为镇上唯一的一所中学，全校学生还不到50人，他惊讶得目瞪口呆，说不出话来，心理落差降至最低点。由于反差实在大大，他甚至怀疑自己是不是来错了地方。

但他还是安心待了下来，并很快重新找到了自己的快乐点，就是这所学校的体育精神。因为他可以一边学习英语和规定的课程，一边放心情在操场上跑步和参加篮球训练，到高中毕业时，他的个人体能和篮球技术得到了很大提升，他已是这所学校篮球队的主力队员。而这一切，给他带来了前所未有的快乐和成就感，自信心大增，学习上也取得了长足进步。

留学一年后，他选择报考大学，但面对动辄数万美元学费的名牌大学，想都不敢想，考虑到自费留学和学习成绩等个人条件，最终选择一所名不见经传的大学，一所又小又便宜的东俄勒冈大学就读。大学二年级时，他打算转学，这在美国是很普遍的，经过反复权衡，他决定攻读密歇根州布莱德商学院的供应链专业，这是出于学费比同级大学便宜的缘故，更重要的是该学院拥有全美排名第一的供应链管理系。2003 年，热心公益的他牵头组织并筹办了学校第一个中国供应链论坛，从最初没有嘉宾到场，没有一分钱赞助，到最后论坛规模空前活跃的局面外，还节余了 15 000 美元，一直作为创立该论坛的基金被学院保留下来，专用于每年奖励一位愿留学中国和从中国来留学的"最佳学生"，他也因此获得学院里每学期所评选的一名"最佳学生"。

21 岁，他从布莱德商学院毕业，获得多家世界 500 强公司的青睐，最后就职于全球最大电脑商戴尔电脑公司总部。三年后，25 岁的他决定报考哈佛商学院，GMAT 测试考了三次才通过，最后经过层层面试和选拔，他被哈佛商学院录取，攻读 MBA。

2009 年，他在哈佛大学商学院的求学生涯刚一结束，就去了花旗银行工作，尽管待遇是最低的，但他更为看重的是工作中可以锻炼的能力和学到的东西是其他公司的数倍,以及更加广阔的事业前景,他很快成为花旗银行10名"全球领袖计划成员"之一。一年后,他不忘自己出国留学的初衷,毅然作出决定,回到祖国怀抱,成为中国联想集团总裁的高级助理。

他,就是被当今媒体喻为"输在起跑线上的哈佛男孩"于智博。他说:"人生有多个起跑线,也许我现在落后于人,但并不见得会永远落后于人。"

(迩半坡)

面试应做好的三道题

面试时，面试官也许会提出许多刁钻古怪的题来考验我们。但不论碰到什么样的面试官，我们都应该做好以下"三道题"。

第一道：道谢

苏丽和杨婷都是刚刚毕业的大学生，两人学的都是营销管理专业，而且成绩都很优秀。这可给面试官出了一道难题，因为公司只招一名业务员，而苏丽和杨婷的条件基本都差不多，难以分出高低。

经验丰富的面试官最终还是想了一个办法，对两人说："不好意思，业务员我们暂时招够了，以后需要的时候再通知你们吧！"苏丽生气地说："你们既然招够了，为什么还要通知我们来呢？既浪费时间，又浪费车费。"而杨婷却转身对面试官说："我们虽然没有机会为贵公司作贡献，但依然感谢您接待了我们。如果以后有机会的话，咱们再联系吧！"面试官微笑着点了点头。

在回家的路上，杨婷意外地接到了医疗器械公司打来的电话，通知她第二天去上班。苏丽此刻才明白过来，原来小小的一声道谢是如此的重要。

温馨提示：在面试中，千万要注意礼貌，有时一声小小的谢谢也许会改变你的命运。

第二道：道歉

刘波接到面试通知，要他次日早上八点去参加面试。结果第二日路上塞车，等他赶到公司时，已经上午十一点了。一到办公室，刘波首先真诚地向人事经理道歉。人事经理感到很意外，没想到刘波竟是个如此细心的人。面试时两人交谈得很愉快，最后，人事经理告诉他，他被录取了。

温馨提示：人非圣贤，孰能无过，能够坦然面对现实，真诚地道歉，这同样是一种可贵的品质。

第三道：道德

黄帅凭着优异的成绩和过硬的本领，争取到了某技术中心的面试机会。面试的过程很顺利，人事经理已经拿出了劳动合同，这时，人事经理微笑着问他："小黄，现在各行各业的竞争都很激烈，搞科研也不例外，有时压力特别大。为了打败竞争对手，有时不得不走捷径。"黄帅不解地问："走什么捷径啊？"人事经理仍然微笑着说："就是派人到对手公司去作卧底。只要有人在那边做卧底，就很容易弄到对手的机密资料，这样就很容易打败对手。"人事经理叹道：

"可惜啊，咱们技术中心空养了一帮人，没有一个愿意去做卧底的。"闻听此言，黄帅马上信誓旦旦地说："为了咱们技术中心，以后这个差事就交给我吧。"

黄帅两眼盯着录用通知单，等着人事经理签字。人事经理听完他的回答后，把笔搁了下来，叹道："可惜啊，前几天也有几名很优秀的大学生到这里面试，都说愿意去做卧底，可我一个也不敢留下来。现在敢去别的公司做卧底，谁又能保证以后不出卖自己的公司呢？搞科研，最关键的是要有职业道德，要保守公司秘密，要真诚、要正直。"

黄帅做梦也没有想到，自己最后会在这里败下阵来。不过，他终于明白：人无道德，寸步难行。

温馨提示：不论从事哪一行，都要遵守职业道德，职业道德是行走职场最基本的素质。

（龙喜场）

青春：用理想和现实谈谈

......

先把理想藏起来，理想不必天天想。

在我成长的年代里，我不知道什么是新闻。广播学院考试容易过，逃课没人抓，课外书随便看，我是因为这个报考的。但是现在考广院，恨不得北大、清华的分才能进热门专业。我说，我买的是原始股。

北大很厉害，是现在在那里上学的学生造就的。我们要用自己的努力，把一个学校从无名之辈变成名校。要成为原始股的购买者。人家买的是期货，不是现货。

对于60后来说，房子太贵，我们这一代人从来都没有想过能买自己的房子。过了30之后社会才给我们这样的人提供漂流的机会。1989年，我们的毕业空前绝后。我们是唱着《大约在冬季》，一批一批人泪洒火车站。

21岁，我们走小青春的沼泽地。回忆青春的时候很美好浪漫，但经历的时候很残酷。青春就是残酷。人生的很多个第一次都在青春期，你要抉择，不要以为每一代人都说青春好，你便产生了幻觉。我经常会感受到我在青春期的时候所经历的痛苦和挣扎。青春既然是不容易的，面对它。这是作为过来人的感慨，有的有用，有的没用。

第一，素质不是你的才华，而是你是否有一个强大的心脏。当你离开校园往前走的时候，打击多了，没有心理素质，想在将来这个社会上混是不行的。不是特指中国，在美国也一样。我在招人的时候，经常会观察这个人心理素质如何。一个拳击手，被别人不断打击都不倒才是重要的。我看到很多年轻人在最初的表扬中，跌倒了。不靠谱的表扬更会毁人。要对批评有耐受性，对表扬有警觉。

第二，谈判是一门双方妥协的艺术。任何单方面的谈判，都不是谈判，而是战争、侵略。人跟自己的理想、事业、同伴、生命都是一场谈判，从来不会单方面获胜。只有双方妥协才是一种获胜。你怎么能够完全让生命按照你认为的方向去走呢？那不是谈判，那是你对生命发动的战争。爱情、婚姻也如此。离婚的一定是有一方不妥协，或者双方都不妥协。关键时刻，伤人的那句话能够憋住，才会有传奇。

第三，生活的真相是什么呢？平淡。今天7月5号，郑大的毕业生已经离校了。每一个人从大学校园走向社会、生活的时候，最重要的就是要接受平淡的日子。生活5%是幸福、5%是痛苦，剩下的都是平淡。那5%的幸福，就像是铁钳子上叉的肉，吸引我们跑完了全程。新闻，是一个树欲静而风不止的行业。永远不能保证未来会发生什么。计划没有变化快，变化没有电话快。但更多的时候是平淡。

第四，想赢不怕输。每个人都想赢，而你想过，你是真的不怕输吗？不怕输才是真正的关键。只有你不怕输的时候，你才能赢。每个运动员都想赢，但做到不怕输，太难了。想到最坏的结果，并且去做，往往事就成了。在学校也同样如此，你敢于创意么？敢于接受周围的不理解和嘲讽吗？那就去做吧！一个人最终的裁判是自己，在我的生活里，很多人都活在别人的眼睛里。总想去讨别人的欢心，没必要，每个人都无法扮演别人扮演很久的角色。还是要努力地去做自己。一个大学生，应该成为时代列车前进的推动者。

曾经有人问过我，对我影响最大的一本书是什么？我说是《新华字典》。一顿饭吃完，你只夸了咸盐，但是醋会失落的。那是一个你寻找自己的地方，而不是去读别人。对我影响的书太多了，我没法去一一评说。

对于我来说，大学的四年，对于成为今天的我，是最重要的四年，我是个到现在依然本科的大学毕业生。我就想知道一个本科生究竟能走多远。

中国的高考目前是最公平的。高考要改革，可不是你的方向。高考的未来，恰恰不是大一统，而是多元化。《新闻联播》你有权不看，但你无权扼杀。

面对就好，去经历就好。没事别找事，有事别怕事。你自己定义成功。从事任何职业都是一个工具，不是一首歌，不是一个节目，而是态度。

偶尔自卑的人才可能成功。一件事交到你手里，你不那么自信，有点自卑，你就会付出120%的努力，事儿就能做好。

（白岩松）

不要跟生活玩花样

央视教育频道的《职来职往》来了五位求职者，给我印象最深的，是一位红衣男生。他毕业于某名牌大学，着装、言谈都很得体。在自我介绍中，他列出一长串骄人的业绩：在大学期间就尝试做过各种小生意，大四毕业时收入已高达50万元……单从他的履历来看，这是一名有学历有能力的求职者，对各大用人单位来说应该是求之不得的。

应聘过程中，此人特地告诉大家，人脉很重要，于是，在校期间，他收集名片近三千张。他略带自豪地向在场的人们显示他手上厚厚的一摞名片，这些名片里，从普通员工到高级主管，各行各业都有。只是那些名片似乎并没有给他的求职带来多大用处。相信在这3000人中，会有超过一半甚至更多的人对他毫无印象。他建立起来的所谓的人脉，仅限于名片。

在接下来的VCR中，他又向大家介绍他住在一个豪华的别墅中，他身上的西服、手表是多么的高级，他去的咖啡厅是多么的高雅……短片未完，台上的人们将一盏盏灯纷纷灭掉。

老板们给他的一致意见是：你现在大浮躁，要让自己沉下来。而嘉宾雷明的点评更是一语破的：你是一个把生活当游戏打的人，一心想着打怪拿经验，开宝箱拿宝物，然后快快升级，不过生活中没有外挂，还是要踏踏实实地走好每一步。

小伙子最后黯然离场。

我却忍不住在心中感慨：不要妄图跟生活玩什么花样，你试图玩生活，最终被玩的可能是你自己。

（王森）

为命运赢得一个新的开始

　　贾作胜出生在山东省鄄城县的一个农民家庭，从小学习十分认真，甚至有些死心眼。有一次，贾作胜发着高烧还在写作业。后来贾作胜考入鄄城县一中，成为大学生苗子。但两次高考，贾作胜都考砸了，迫于家中的经济压力，母亲便没同意他复读。2004年，他进入青岛的一所民办职业学院读书。因为不是自己理想的大学，加之家庭经济的窘迫，2006年，未等到毕业，贾作胜就加入了打工者的队伍。但他依然没有放弃考大学的梦想，一边打工，一边坚持学习。

　　2009年夏天，他的一个朋友邀请他到清华大学散心。闲谈中，他得知在高校当保安有良好的学习条件，便来到了北京市保安总公司文安分公司。看到他好学上进，公司特意把他安排到了清华大学图书馆当保安员，为他提供了一个博览群书的良好环境。为此，贾作胜还专门申请了值夜班。他解释，夜间图书馆比较清静，在9个小时的夜班时间，除了正常的执勤，他就在图书馆内学习。不上班的15个小时里，贾作胜也作了合理安排，7个小时睡觉，1个小时锻炼，1个小时吃饭，其他6个小时就争分夺秒地刻苦学习，他还到自己喜欢的课堂里蹭课。

天道酬勤。2011年的高考，贾作胜以476分的成绩，考取了本科二批的山东师范大学历山学院数学与应用数学专业，他也成为驻首都高校保安系统20年来唯一通过自学考上大学的保安员。贾作胜说："之前好多年，我过着一种'飘飘何所似，天地一沙鸥'般的生活，来到了大学，就好像有了一个家。"

大学就像一个家。然而，为了这个家，贾作胜已经有两年多没回家了，因为时间对他来说太奢侈了。几年来，尽管与家里联系很少，但贾作胜心中对父母的爱一直没变。为了不给父母增加负担，贾作胜说，他读大学不再靠家里给钱，之前自己已攒了一部分钱，另外还有助学贷款。

9月3日一早，贾作胜离开清华校园，回到家乡鄄城县镇贾庄村。两年后的家人相聚，爸爸只是默默无语，忙着提东西；母亲则搂抱着儿子，不停地流泪，说，当初都怪她目光短浅，害得儿子转了这么大一个弯……贾作胜深情地安慰母亲："虽然绕了这么大一个弯子，但我也看到了好多人看不到的风景。"

9月4日，贾作胜再次告别父母，来到山东师范大学历山学院报到。27岁的贾作胜个子不高，看上去很精神，背着背包，头戴着帽子。由于是网络红人"保安哥""蹭课哥"，他一出现，就被盯上了。"快看，他就是清华'保安哥''蹭课哥'。"不少山东师大的学生拿着手机、相机围上来，与他合影。许多媒体记者早早等候在此，纷纷围过来。贾作胜虽然面带微笑，面对各路记者连珠炮似的发问，贾作胜字字斟酌，每个问题回答都很简短。有位记者的问题很苛刻，问他27岁上大学是大龄了，能适应大学生活吗？贾作胜深有感触，说："每个人都会有新的开始，不要让你的过去打败你的现在和未来。"

贾作胜绕了一个大弯子，但见到了更多的风景，人生经历更为丰富，所以，他没有让失败的过去打败现在。因为，他以执著和梦想做动力，自信和毅力作后盾，为自己赢得了一个光明的未来。

（许永海）

你和职业——谁选择谁？

"剑在箧中求善沽"，这是中国的传统文化给中国人面对竞争产生的心理失落开出的一剂良方。尤其是在当代的激烈求职竞争中，没有谁敢于事后坦然承认自己的劣势，而是用种种自视很高的托辞显示自己对所征求的职位的不屑——这更多地在知识青年中表现出来。明明是在求职竞争中落选，却以职业对象的种种不中意加以掩饰；明明是因不胜任工作被淘汰，却以自己对职位不满意而主动"跳槽"遮盖……而真正的现实是，没有一个空缺的职位不是在如饥似渴地等待着出色的从业者！

但是，求职者却更忽略了自己完整的职业素质的培养。

这是一个在采访中得到的真实故事。

某知名外国商社在华设立集贸易、融资、商务代理和传播为一体的机构，待遇非常诱人。他们只招收60名员工，报名的却超过2000人，而且个个具有高学历，堪称无一不是青年才俊。

这个商社来华的只有一个商社本部年近花甲的华人副董事长。初期招聘工作委托给一家中国专业机构代理。

经过筛选，通知200人前来应试。

届时，人才济济，人头攒动。

按照计划，要求排队领取文字试题。

就在排起等待的长龙旁边，一个自来水龙头悄然地漏着水，地面上积了一片水，迫使队伍为躲避积水形成了一个弯儿。

超过规定的时间快半个小时了，还没发放试题，应聘者中开始有人不满。人群也下意识地把队伍排得更紧。

这时，有个排在前边的青年发现了漏水的水龙头，离开队伍踮脚趟水来关。几乎与此同时，开始发放试卷。他关罢水龙头，见人群蜂拥几乎不见了队形，只是发呆……这时，那位穿了身普通运动服，佯装工作人员的副董事长来到他身边，对他说："你随我来"。

这个青年成为这家商社驻华机构的第一个应聘者，而且当即委以总经理办公室负责人的要职。当应聘者参加下一轮应试时，他已经坐在了主持招聘工作的位置上。

这位副董事长事后说；"因为我们招聘条件中对文化程度的要求很明确，事先又研究了他们的资料，他们在知识水平上不相上下，但我更急需的，是整体素质好的人才，尤其是具有管家素质的行政管理者……"

著名企业家、人称"扭亏专家"的南京衡器制造集团总经理钟沛曾讲到从业者的知识和整体素质的关系。

他讲了两个人的故事。

1992年夏天的某夜，突然暴雨如注。他当时在家里，急于进厂去布置防汛。可是，外面已没有公共汽车和出租车。正在心急如焚时，一名厂里的司机在没得到通知的情况下，及时开车来接他进厂。这位司机见天降暴雨，第一个反应就是接厂长进厂安排防汛。

另外，有个青年技术员，仅仅因为提薪不满意，意欲"跳槽"，就将关键的技术资料卡在自己手里相要挟，不顾这些资料涉及到企业会在市场的激烈竞争中错过时机，也不顾这会影响到2000名员工的饭碗……

显然，这个青年技术员学历高，有知识，但自私到连起码的顾全大局的意识都不存在，已经在整体素质上近乎愚蠢，第一，他没有考虑到别人，也不考虑自己的做法已触犯了法律；第二，他没有考虑到今后，人家知道了他的这种做法，谁敢给他以充分的信任呢？

显然，在职业素质方面，这个技术员远远没有那位司机的表现好。

曾经在南京大学经济系就读，并在高校任教多年的钟沛，深有感慨地分析说，几乎所有的有较高学历的求职者都希望也都认为自己是个人才，求职时往往附加过多的条件。这已成为一种普遍的心态。可是，一个人，当他在职位上所发挥的作用，是别人难以替代的，这才是真正的人才。而一个真正的人才，不是靠文凭、资历所能证明的，是靠实践才能证明的。

一位在美国从一个留学生到求职者很快做到一家电子产业公司

副总裁的中国青年的经历给人以有益的启迪。

开始，他为求职奔波，一次次摆出他从学士到博士的证明文件，却又一次次被人家客气地以没有位置礼送出门。

不断的碰钉子，使他愤怒也使他沮丧，最后他冷静了，他只以一个普通大学生的身份，征求一个普通电脑打字员的位置，从而顺利地进入了这家公司。但他没有停止努力，一次别人的电脑出了故障，他自告奋勇进行修理、调试，并就他发现的操作不当的问题提出了改进建议。老板一见，立刻意识到他的超群能力，这时，他才声明并拿出了学士学位的文凭。他立刻被升了职，充任业务主管。又不久，他就业务协作、提高电脑使用效率问题又拿出了一套大胆而可行的程序设计。同事们因此对他另眼相看，老板因此把他请进了自家的客厅详谈，他这才说明自己已获硕士学位。他立刻被提升为部门经理，在开始实施他的设计以后，又被提升为总裁助理。当公司由于他的策划而局面一变之际，他又拿出了自己开发新的电脑软件产品的想法。这时，人们才知道他是在名牌学府专修本专业多年的一位博士。

老板喜中作嗔地对他说："你是在和我开玩笑吗？"

他幽默地说："中国人做交易有个让双方都放心的方法，叫作'先尝后买'。"

在实践中证明自己，这应该是选择职业时应该有的冷静态度。虽然，职业和从业者之间存在着双向选择的自由，却仍然有一个不可动摇的原则，那就是取决于从业者的职业能力和职业素质的实力。而对大多数不具备这种实力，只凭一纸文凭，满心兴趣的求职者来说，除去在职业在凭兴趣选择的"自由"，其它方面都不可能去"自由"地加以选择和要求，而必须接受职业的选择和要求。

在天津的人才交流中心，一位从创办至今就主持这里的工作的市人事局的官员说："我们出自多年计划经济用人制度对人才的束缚，也出自'文革'前后大学生的稀少，在对待'人才'和职业的'双向选择'上，有舆论宣传的偏差，把文凭作为衡量人才的标准，把'跳槽'不负责任地宣传为自我价值的重新确定。这样，企业和从业者都对职业的法律要求和道义要求，以致双方的经济权益要求淡化了，老板和员工之间互'炒鱿鱼'被当成了一件毫不负责的行为，这是非常令人担忧的事情。"

加拿大商人在天津投资的一家新型织物公司的负责人说；"我们创办伊始，在招聘管理层员工时，挤碎了大厅的玻璃墙。可是，没到三个月，因为他们自己的各种关系没办清楚和不适应现代化的既紧张又单调的管理状态，几乎有60%跳槽，他们只递张寥寥数语的辞职书，什么手续也没办就不辞而别了。我先后在加拿大、美国、新加坡……办企业，原来只听说中国人自由求职很困难，却没想到，中国的年轻人对待职业如此轻率，不负责任……"

意大利威尼斯大学的一位女社会学家在中国就职业状态进行了

四个月的实地考察后，总结她从中国报纸、杂志上搜集到的近千篇有关职业问题的文章，包括各地劳动人事部门办的专业报刊时说："中国不愧是个诗的国度，这些谈论最现实、最严肃的职业问题的作者，哪怕是应该采取最客观的审识角度的记者，却都像诗人一样浪漫，对'跳槽'和'辞职'加以了诗化的引申，看不到法律和社会责任的制约。"……

确实，我们不难看到，舆论很津津乐道于宣扬选择职业的"自由"，却不很深入地去宣传职业选择从业者方面的严峻现实。

这应该加以改变了！因为，不论职业和从业者之间有着怎样的"双向选择"的自由，作为职业本身，是属于社会性的，一个职业者的行为是社会行为而不完全是个人行为，职业本身就承担着很大程度的社会责任和义务，职业素质就包括着做个合格的"社会人"的素质。有关职业秩序的法律正不断出台和完善着，职业和从业者之间的"双向选择"并非是只出自个人意愿和兴趣的无序状态，而应该有双方信守的责任义务，有双方共同接受的法律制约。

无序的职业言论应该少开尊口。

我们应该为追求高层次的职业状态和职业素质而深入调研，而不是再针对用人制度的变化，针对职业心理的失落或平衡再喋喋不休或沾沾自喜、寻求安慰了。

（王维刚）

爱好与品格

　　人总是要有一些爱好的：有人爱舞文弄墨、有人爱把玩奇石、有人善弈、有人养花、有人在体育运动中感受酣畅淋漓、有人在淡淡茶香中谈风论雅，爱好，可怡心养性，让生活多些味道与乐趣。"视其所好，可以知其人焉"爱好如同一面镜子，折射出一个人的追求与品格。

　　从一个人是否常年坚持运动，能大体推断出其有无较为强健的体魄与持之以恒的毅力；从一个人是否有琴棋书画等爱好，能衡量出其有无一定的艺术修养与和睦谦恭的气质。因此，健康、正当的爱好可以增长见识、培养气质，而以之为参照，总能从某种角度判断一个人的审美情趣、荣辱取舍及人生境界的高下。

　　诗人余光中在《朋友四型》里把人分为四种：第一型，高级而有趣；第二型，高级而无趣；第三型，低级而有趣；第四型，低级而无趣。把有趣和无趣当做分类的标准，可见有趣之人是多么可爱。而趣是什么？从何体现？无疑是从人的爱好中来。有雅趣的人，心灵多半是纯善的，可以为友。

　　《别闹了，费曼先生》一书里有这样一位科学家，他对所有关于动脑筋的事情都充满兴趣，魔术、开锁、解密码、猜谜、心算……对兴趣的不断追逐，让这位科学怪才的生活成了无数人的梦想，于是向往者有之，追求者有之，比如钱学森，比如李四光，比如李政道。

　　苏东坡是个有趣的人。古人有人生四大乐事之说：久旱逢甘露，他乡遇故知；洞房花烛夜，金榜题名时。苏东坡则认为，人生赏心乐事不单只有四件，而有十六件：清溪浅水行舟、微雨竹窗夜话、暑至临溪濯足、雨后登楼看山、柳阴堤畔闲行、花坞樽前微笑、隔江山寺闻钟、月下东邻吹箫、晨兴半炷茗香、午倦一方藤枕、开瓮勿逢陶谢、接客不着衣冠、乞得名花盛开、飞来佳禽自语、客至汲泉烹茶、抚琴听者知音。从这十六件乐事中，我们可见苏东坡极热爱生活，乐观入世，也懂得享受生活，是不折不扣的有趣之人。

　　古人曰："人无癖不可与交，以其无深情也；人无疵不可与交，以其无真情也。"因此，一个有品位的人，是需要在积极的兴趣爱好中缓解工作压力、强健体魄、涵养精神的。

　　永和九年三月，名士们在会稽郡山阴县的兰亭聚会，水渠边，人们环水而坐，让酒杯漂流水上，一边饮酒一边赋诗，表达各自幽雅的情怀。这是《兰亭序》描写的魏晋风尚。一部《世说新语》将魏晋名士的种种活动如清谈、品题；种种性格特征，种种人生追求，以及种种嗜好，通过描述与传播，呈现出几代士人的群像，以及那个时代的社会风尚，塑造出一个令无数知识分子神往的时代。

　　显然，爱好与趣味能折射出一个人的品格。现代人追求兴趣特长，应该发扬高雅，舍弃低俗，以健康向上的文体活动，文明高尚的业余生活，充实精神世界，磨砺坚强意志，从而在兴趣爱好中培养优秀的人格人品。当然，兴趣爱好也当爱之有度，切忌过度沉迷以致玩物丧志。尤其成长中的年轻人，只有审慎选择兴趣爱好，爱之得当，好之有道，才能真正陶冶情操，完善人格，提升人生价值。

（章睿齐）

与一朵云对酌

1

草坪上，几个小孩在玩水。

开始的时候，他们还挽着裤管。后来，裤脚湿了，裤子湿了，上衣湿了。再后来，鼻翼上是水，耳垂上是水，发梢上是水，浑身上下都是水。

这是初秋的下午，天已经凉了。水玩过，几个孩子又在玩"骑马打仗"的游戏。两两配对，骑在"马"上的孩子，与对方骑在"马"上的孩子，在"马"的跑动中，以脚角力，互相蹬踏。一两个回合，三五个趔趄，七八声嬉笑，个个便摔翻在地上。再起来，身上，泥一片，水一片，伤一块，痛一块，然后，闹一声，嚷一声，继续玩。

一个人，若没有从这样的童年走过来，一定不是从诗意中长大的。

2

我有一个朋友，是位画家。

有一天，他邀我到郊外，干什么？看蚂蚁。他在一只肥硕的蚂蚁屁股上，轻点一丝朱红。整个一上午，我们盯着这只红屁股的家伙，一会儿拖回一只空壳的麦芒，一会儿在巴掌大的地方逡巡一阵子，一会儿对着一根高挑的草疑神疑鬼，一会儿优雅地为另一只蚂蚁让路，一会儿又急匆匆地去打上一架。

我们两个人，仿佛是被它牵着，一会儿驻足在这一处，一会儿又蹲踞在另一处，一会儿手舞足蹈，一会儿又凝神屏息。我们看它，它一定也好奇地打量着我们两个傻傻的家伙。

被盯梢终究是郁闷的。那天，它突然钻进窝里，半天没出来。我们的心，在等待中，竟好像也被闭在了幽深的地底，半天，没上来。

赏玩一只蚂蚁，与被一只蚂蚁捉弄，都是一种欢喜。

3

大冬天，街上冷得难见一个人。

到水果摊前买水果。不见摊主。只见旁边一个女人，上身是红红的羽绒服，下身是过膝的皮裙，高筒的靴子，背对着我，一边哼唱着，一边和着旋律，正翩翩独舞呢！

这么冷的天，真好兴致。

大姐，这儿的摊主呢？我问。

她一转身。我便有些羞赧。看起来，人家好像比我都岁数小。然而，更令我吃惊的是，她朝我走过来，说，你买水果啊，我就是。

啊，你是摊主……我没有掩饰住自己的惊讶。嗯，我就是。然后，她熟练地为我称水果。这时候，我注意到她水果车上的标牌。天哪，她竟然出生在1961年。不是大姐，是大姨！

一个人的年轻，其实，应该是心境里不灭的诗意，以及，内在生命不尽的激情吧！

4

与人对酌，喝着喝着，人走了。

开始还茶烟缭绕。后来，烟萎了，水凉了，气氛没了，心绪乱了。

此时，一朵白白的云飘过来，投在不知哪里的玻璃幕墙上，又反射落到杯子里。一刹那，杯里也有了大乾坤，一朵云，在杯中荡呢。

赶紧再续一杯开水，云在水里，水在云里，云水升腾在茶烟里。轻啜一口，然后，小心翼翼放下，喜对一朵云，相看两不厌。

酌，与一朵云相对，多美多好的意境啊！

（马德）

怎样活才会有意思

跟一个帅气、家境还不错的男生聊天，我发现他说的最多的三个字是"没意思"。这几乎成了他的口头禅，看得出他活得无聊、不开心、没有激情、没有干劲儿。

他对我说，他天天在做一份只能吃饱饭却没有成就感的工作。有朋友请他去兼职，可是他觉得也挣不了多少钱，宁可泡在电脑前打游戏，也不想看人脸色；在单位里又经常开一些空话连篇的会议，接触到的都是既俗气又阴暗的同事，他宁可望着天花板发呆，也不想加入到他们的派别之争当中；他原本是有大志向的，渴望拥有自己的公司、私家车和别墅，可是命运交给他的只有平凡普通、琐碎无趣的生活，迫使他活得越来越没有意思；宅在家里太久了，更没有意思，只好满世界瞎溜达，一个人喝闷酒，越来越害怕见生人……

听着听着，我开始明白这个男生一直摇摆在梦想的不平凡和现实的平凡之间。在他看来，平凡的生活本身就是最大的挫折，这种挫折慢慢瓦解了他的斗志，也消解了他继续梦想的力量，导致他对人生越来越沮丧失望，感到活着没多少意思，甚至认为生存没有意义。也就是说，正因为他看不起普通的人生角色，对平凡的生活有深深的误解，不愿平凡，不甘平凡，大的事情做不了，小的事情又做得很机械或者干脆鄙弃掉，从而抽空了内心里最鲜活的部分。"心中的形象死去了，意义也随之消散"，所以你怎么能从他那里看到飞扬的神采、坚毅的眼神和欢乐英雄般的形象呢？

我对这个男生说，人生确实是没有意义的，意义是我们在后天赋予的。生活也原本没有目的，一有目的，就不叫生活，而叫干活。所以最好的生活是用心来过的，而不是用物质来衡量的。其实"大人物"们也有空虚感、无意义感，托马斯·伯恩哈德在《历代大师》中说："我们喜欢帕斯卡，不是因为他完美，而是因为他的茫然，如同我们喜欢蒙田，是因为他一辈子寻求但终究一无所获的状态，喜欢伏尔泰是因为他的一筹莫展。"人生和生活都没有统一和终极的答案，所以才值得所有人不断地梦想和探索下去。虽然依然会有茫然和无可奈何，我们却在平凡的生存中赢得了意义，在活得有意思上跟"大人物"们没有本质的区别。

生命自始至终都是平凡的，那些渴望用自己的公司、私家车和别墅来脱离平凡的人，怎么会成功呢？因为在他们眼里，外物竟比生命本身还重要，拥有了财富物质就摇身一变，超越平凡，失去这些东西，就又变得自卑自轻起来，独独看不到生命和生活本身，自己又到哪里去了呢？再说，哪家公司、哪种名牌车、哪座别墅会比生命、生活和大自然本身重要和伟大呢？我不是说，这些东西毫无存在的必要，一个人也根本不会活得无欲无求或生如草木，我只是想告诉这个男生，"生命的意义在最平凡的日常生活之中"，但意义本身又不是事物中现成的东西，而是要靠个人的投入才能得到它。要学会爱，并能够创造和积蓄些什么，而不是擅长透支和破坏。这样，你才会活得越来越有意思。现在很多人觉得活得不快乐、不幸福、没兴趣，正是因为投入不到"最平凡的日常生活当中"，反而用极大的物欲给自己设置障碍。梭罗在很早的时候就告诫我们"我们患了跳舞病，连脑袋都无法保持静止。"很多人只会动脑，不会用心；只会占有，不会放下，他们怎么能做一个自由地欣赏广阔地平线的快活人呢？梭罗讲过"我们必须学会再苏醒，更须学会保持清醒而不再昏睡。"这种提醒确实意味深长，在很多人"想通过病态来击败空虚，想刺激神经系统来解救生活的无意义"的现在，更显得迫切和必要。

罗丹说："最美的题材摆在你们面前，那就是你们最熟悉的人物。"也可以说，最大的意味摆在我们面前：那就是我们最日常的生活。当然，在平凡的生活中贪图舒适的人，也很难活得有意思。圣埃克苏佩里在《要塞》中说："当我说到山，意思是指让你被荆棘刺伤过，从悬崖跌下过，搬动石头流过汗，采过上面的花，最后在山顶迎着狂风呼吸过的山。"由此可见，如果不用上自己的身心，无论怎样生存，都是单调乏味的人生，都不会活得有意思。

（孙君飞）

登　山

　　有位年轻人，一脸郁闷地求教于某大师："大师，请您指点迷津。这几年我作过不少努力，而且都曾携一腔热情去拼搏，可终以失败告终，世上之事为何这般难做？"

　　大师静静地听他说完，微微颔首；而后用手一指对面那座高高的山峰："来，我们赛一下，看谁最先到达峰顶。"

　　他们一起来到山脚。抬眼望去，千级石梯，直达云霄。伊始，年轻人仗着精力旺盛，一路疾奔而上。而大师则不紧不慢地一步步拾级而上。

　　少顷，年轻人便已累得气喘如牛，脚似灌铅。望望那依然又长又陡的石梯，他双腿一软，颓然瘫坐下去。年过五旬的大师，却面不改色地跟了上来："小伙子，咱们继续攀登吧，离目标远着呢！"

　　"唉，我真是有心无力啊，我认输！"年轻人叹着气。

　　大师呵呵一笑："小伙子，山高路陡，要达峰顶，需要的是不温不火地步步攀登；若仅逞一时之勇，急于求成，则往往落个虎头蛇尾，止步于半途，无缘达到目的地。欲速则不达啊！"大师一番点拨之下，年轻人如醍醐灌顶，连声称谢。

后来，年轻人调整了自己的心态，稳扎稳打，从容处世；终于一步步登上了人生的峰顶，有了一番作为。

（向墅平）

天道酬敬

业精于勤，然"勤"的本源是什么呢？

近日，在读《千古一帝康熙》时，得知康熙对"五知"（知敬、知勤、知止、知慎、知学）一以贯之，其中首知是"知敬"，之后豁然开朗，本人认为"勤"的本源是"敬"。进一步理解"敬"是知、"勤"是行。敬是发自内心的思想，勤是具体的外在表现，但不全来自敬之思想的支配，知行合一是生命的最高境界，"知"应在第一位，也即敬字当先，更符合事物发展规律，更能够指导人格修养的形成。但当"知"之后，"行"更重要，因"行"难。

细体味前人"天道酬勤"的思想，其回归应是"天道酬敬"。"天道酬敬"的意味更深刻、更全面、更有启发意义。

如我们有了这样一个理念：时时处处敬人、敬事、敬物，那么我们的"勤"也即行动时就不会妄动。对父母、对长辈、对领导、对同事、对子女……就会表现出应有的尊重，而不敢怠慢；做事如常怀敬重之心，时刻有一种敬畏，唯恐做不好、做不到位，你就会勤学习、勤思考、勤历练，自我加压，自觉地树立起一丝不苟、追求细节的目标；对物心怀敬畏，就会恒念物力维艰，不敢轻易糟蹋东西，一张纸、一滴水、一度电、一粒米都会节约，对所有物都如同对待心爱的收藏，勤俭智慧的双手因敬畏之心而造就。

也有人说，对物我还敬吗？物是为我所用的，我爱怎么处置就怎么处置。大自然的矿藏我可随便挖、茂密的森林我可随意伐、污水我可随心排。可怕的是，话未说完山洪突然暴发了，恐怖的"非典"来了，鱼塘的鱼一夜之间身子朝上白花花飘在水面。这里面不缺"勤"，只是缺了"敬"，所以出现了不可持续的惨景。

对人、对事、对物如是"无所谓"的心态，临前设法逃避，且理由听起来特充分，并表现得心安理得，就明显地缺少"敬"，少"敬"定会找不到"勤"的影子。

"敬"了就会"勤"，这个"勤"是来自内心的、目的明确的、无怨无悔的。"敬"为因，心中的位置摆正了，人的外在就会兢兢业业、勤勤恳恳、不知疲倦地奉献和付出。

（王志忠）

慧不如痴

　　我见过一个非常聪明的年轻人，学历又高，拥有国外的硕士学位，他一度是我最看好的未来接班人选之一，但这件事始终无法如愿。他做任何事，都能快速上手，表现杰出。但问题是刚熟悉一件事，他就开始想下一个职位，他的期待与要求，总是比主管快。基于人才培养，许多次我也按照他的意愿，提拔升迁。甚至我还一度自责，是不是我的反应慢了，以至于让一个有为的年轻人浪费了大多的时间，埋没了他的才气。于是我密切注意他的动向，以免再度犯错，又被他先开口要求，落入后手，处境尴尬。

　　结论是，他还是比我急、比我快，我的小心仍然赶不上他的急切欲望。最后我不得不承认，他实在太聪明了，聪明到在组织中，很难有一个职位适合他，我不得不放弃这位让我爱不释手的年轻人。

　　他走上创业之路，以他的聪明，很快拥有一个小格局的成果，每年有金额不大的获利，足以让他逍遥自在。可是从此他面临瓶颈，而且很难突破。如果要做更大的事，光靠聪明是不够的，还要有决心、毅力、气度、勇气，而其中许多特质都是他不具备的。

我只能替他可惜，好一块材料，只因为大聪明了，聪明得仔细算计所有的事情，要用最快、最容易的方法做事，期望速成、期待短利，欠缺了"痴劲"与"傻劲"，而使他陷在"舒适"的泥淖中，拥有小成就，难成大格局。

　　这让我想起台湾财经前辈汪彝定先生的一句话，他常念着"慧女不如痴男"，如果剔除性别眼光，这句话正是这个案例最好的批注。任何人"慧"不如"痴"，慧易成事，但难成大局；痴似呆拙，但孜孜不倦，一点一滴，最后终能成就不凡的格局。

　　如果你是"痴"人，没路走，只能努力，无须多言。问题是社会上"痴"人少有，大多是聪明人（或者其实是自以为聪明）。聪明人就是精于算计，心思复杂，以至于小算盘每天打、时时打，稍有困难就不做，稍遇挫折就放弃，无利立即就回头，长远大计无心想，结果是小成可也，大事难成。

　　最好的思考是，不论你是聪明人还是痴人，常常替自己留一点"痴心"，刻意去做一些看起来笨的事，凡事想长一些，想远一些。利益不要计算得那么精准，刻意找一些辛苦、困难的事来做，刻意找一些需要冒险、进取的事来做。然后发挥你的决心，考验你的能力，激发你的坚持，磨炼你的执着，成就你的耐性，让成果滴满你的汗水、泪水，这是另一种历练。

（何飞鹏）

离职，最能看清本质

上海一家杂志社老总给表妹打来电话，建议她"换个工作环境"，待遇是她现在的三倍。这样的好事表妹当然无法拒绝，但是她请他们等她三个月。

表妹请他们等她三个月的原因，是因为她跟原单位的合同还没到期。我说你跟单位的合同，不是一个月后就要到期了吗？怎么要人家等三个月？难道你想干两个月义务劳动？表妹说虽然我跟单位的合同只有一个月了，但是我觉得应该给单位足够的时间去寻找接替我的人。

一个月之后，单位果然还没有招聘到合适的接替者。这不是单位的要求高，他们只想招到一个跟表妹差不多的人：老老实实，勤勤恳恳，任劳任怨。虽然还没有找到接替者，但这并不意味着她走不了。实际上，通情达理的领导尽管舍不得她离开，并且对她的工作给予了很高的评价，但是他们已经意识到耽误她的"前程"是一件不道德的事，既然他们无法给她"好处"，那么他们就没有权力不让别人给她"好处"，所以他们并不阻拦，甚至动员她早点离开，担心再耽误下去，上海那边会变卦。

坦率地说，表妹也想早点离开，早点到上海去挣高工资，可是她是个说话算数的人，她不能把自己的承诺当做一个玩笑。又是一个月过去了，终于挑选到一个不错的小伙子。但表妹仍然没有急于离开，因为小伙子是个新手，表妹觉得她有责任向他传授自己的"工作经验"，因此她觉得自己还是不能离开。

若干时日过去了，表妹把她的工作经验毫无保留地传授给了他，直到他能够独当一面，表妹这才依依不舍地去了上海。在离去的头一天，单位全体人员设宴为表妹送行。那是一个令人动容的场面，表妹的眼睛不知红过多少次，因为在频频碰杯的过程中，她不知听到过多少次这样的嘱咐："如果在上海待不下去了，就回来，这里的大门永远向你敞开。"

表妹在上海待了不到四个月，他们的"预言"果然变成了现实。事情发生得太过突然，表妹一点思想准备都没有，搞得她措手不及。忍到深夜，她终于忍不住给原单位老总打了个电话。

然而，出乎意料的是，她的话音刚落，老总就在电话那头说："如果你不嫌待遇低，就回来干。""可是，你们已经不缺人了……就算您没问题，可是其他几位领导，能同意我回去吗？""明天我们开会研究一下，你等我的消息。"第二天，表妹得到的消息是："一致欢迎你回来。"那以后很长一段时间，表妹都没弄明白领导们为什么一致欢迎她回去。

后来表妹才知道：正是她当初诚实的态度，成了她"绝路逢生"的"救命稻草"。于是她想：这也许就是人们常说的"种善因，结善果"吧。

（唐俑）

做人的尊严

　　记得以前曾在美国的《读者文摘》上读到过一篇感人至深的故事。故事讲的是美国经济大萧条时期，一个饥寒交迫的流浪汉敲开坐落在一条大路旁的一户人家的大门，请求主人提供给他一个干活的机会，以换取一顿简单的饭食。善良和蔼的主人看了看流浪汉那饥饿而疲惫的面容，又看了看院子东边的一堆木柴，高兴地说："正好那边有堆木柴挡路，请帮我把它移到西边的院墙下去吧。"流浪汉于是非常高兴地帮主人把木柴搬运到西边。当他干完活的时候，善良的女主人早已给他预备下了一桌丰盛的饭菜。流浪汉饱餐一顿之后，又心满意足地上路了。主人的孙子看着那堆木柴总是被不断前来干活求食的人搬来搬去，一直弄不明白祖父的用意。直到自己长大后，在一次探险途中钱尽粮绝，不得不像当年的流浪汉一样，向沿路的人家寻求活干，以获取一日三餐的温饱时，才彻底明白了祖父的用意。当年，祖父就是用那堆平常的木柴，维护了别人的尊严，点燃了那许多前来干活求食的人心中的温暖和希望。

　　整个故事既没有乞讨者，也没有施舍者，有的只是让人刻骨铭心的友善；有的只是人与人之间的相互信赖和相互帮助；有的只是感人肺腑的仁爱与真诚；有的只是对别人（即使是落魄的人）尊严的维护和捍卫。

尊严是一个人支撑信仰与生命的骨架；尊严是一个民族永不下跪、永不屈服的铮铮铁骨，是人类走向文明，走向兴旺发达的希望和灵魂；尊严是太阳，令高山仰止；尊严是绵绵无尽的江河，浩气磅礴。做人不能没有尊严，犹如太阳不能没有炽热的光芒，江河不能没有豪迈的奔涌。一个人的尊严，除了需要自己以信念以风骨甚至以生命来维护和捍卫外，也还需要别人的维护和捍卫。因为人类是一个相依共存的群体，只有互相维护和建构做人的尊严，这个群体才是一个有希望有尊严的群体。一个民族只有人人都懂得维护别人的尊严捍卫自己的尊严，这个民族也才会是一个充满希望的、永远打不倒的、不可战胜的民族。以一堆平常的木柴来点燃流浪汉心中温暖的美国老人，是用一颗博大的爱心和人类本性的善良来维护了别人的尊严。在扰攘喧嚣的芸芸众生之中，只要还有像美国老人那样善良的人在，我们的人类就可望成为有尊严的群体。

（李智红）

假足踢球与目标意识

　　美国作家希尔叙述了一个令人惊赞的真实故事：丹普赛这孩子，生下来四肢不全，只有一只左脚，另一只右脚缺了下半截。但他作为孩子，很想与别的孩子一样参加运动，并且特别喜欢踢足球。天哪！这可怎么办呢？丹普赛的父母，为了不伤孩子的心，给他做了一只木制的假足，以便他能够穿上特制的足球鞋。丹普赛穿上足球鞋开始练习了，一个小时又一个小时，一天又一天，不断地用他那只木脚练习踢足球，努力在离球门越来越远的地方，把球踢进去。岁月流逝，汗水积淀出成绩，他终于极负盛名了，成为新奥尔良的"圣哲队"球员。当丹普赛用他的跛脚，在最后两秒内，在离球门63码的地方，把球踢入球网时，球迷们的欢呼声响遍了全场。他很快又蜚声全美国。这次比赛"圣哲队"以19比17的成绩，战胜了久负盛名的底特律的"雄狮队"。这个队的教练说："我们是被一个奇迹打败的！"

　　这个奇迹——假足踢球的丹普赛取得了优异成绩，奥秘是什么？丹普赛成为著名足球运动员的奥秘在于：他从小就有想当足球运动员的强烈目标意识。

有不少四肢健全的人，终其一生百无一成，根本原因是：他们没有树立坚定正确的奋斗目标。正如美国的卡耐基所说"今天有不少的年轻人，他们所犯的最大错误是：他们不知道他们自己想干什么。这真叫人万分惊骇。一个人花在选购一件穿几年就会破损的衣服上的心思，竟远比选择一件关系将来命运的工作要多得多。要知道，他将来全部的幸福和安宁，都建立在这种工作上。"这种人没有强烈的正确的奋斗目标，他们在事业上没有成就，乃是必然的。

目标意识有正有误。为国家、为人民多做好事，为学术、为事业建立功勋，这些都是正确的目标。追求个人享受，损人利己，贪得无厌，这些都是错误的目标。目标正确，奋进不息，必获成功。目标错误，越努力卖劲，越陷于不幸，甚至会身败名裂。

目标意识有强有弱。有了正确的目标，还必须经常强化它。每天意念既定的目标，经常检查自己的行为是否在不断地向它行进、靠拢。行为与目标不可背道而驰、南辕北辙。如果发现有背离目标的行为，就应立即改正。念兹在兹，自强不息。如此，"绳锯木断，水滴石穿"，必定会成就事业。如果目标意识薄弱，"一日想在心，三年忘于怀"，或"三天打鱼两天晒网"，均难以获得成功。目标意识越强，事业的成功可能性便会越大、越快；目标意识越弱，事业的成功率就越小，越慢。没有目标意识的人，其实也有目标意识，就是：一辈子不想有什么大作为，只想过自己的"庸碌人生""懒散人生""享乐人生"，或别的什么人生。

目标有远近大小之别。人生的总目标，应该树立得远些大些，但在实施过程中，还应根据目前的具体条件，制订出若干具体的小目标、近距离的目标，这才便于奋斗、便于实施。例如一位受伤的红军战士，他的大目标是走完二万五千里长征、到达抗日根据地：陕北延安。他的实施小目标是：现在先走到前面大约50米的那棵小树旁；当他走到那棵小树边，又把小目标定到另一个前方的小树旁……他就是这样不断延伸并实现一个又一个小目标，而完成了他的大目标。孔繁森之所以能成为"真正的人民公仆"，就是由于他有想成为"真正的公仆"的大目标，同时又有其实现大目标的若干小目标。他的每个时期，每个阶段的工作任务，都是他要努力完成的小目标。他把自己的每一个小目标都与大目标紧密相连，他没有背离大目标的个人利益。

树立人生目标，我国古人称为"立志"。"有志者事竟成"，无志者事难遂。一个人强烈地希望成为什么样的人，他才有可能成为什么样的人；一个人强烈地要求自己成为什么样的人，他就有可能成为什么样的人。反过来说也是一样：一个人不想成为什么样的人，他就不会成为什么样的人；一个人不强烈地要求自己成为什么样的人，他就不完全可能成为什么样的人。

德国著名诗人歌德说："人在青少年时代便矢志不移地从事某种事业，到中年以后，必获得成功。"有个老人反问道"我六十多岁尚无成就，难道就因为没有立志吗？"歌德笑着说："您是否立志并矢志不移？请问问您自己！"是啊，我们不妨都来问问自己：我是否为献身于社会而树立宏图大志并矢志不移呢？——不要用嘴，而要用心来回答。立志并不只是青少年的事，对于没有立志的中老年人来说，什么时候开始立志，都不算晚。可悲的是终生无志。

（钟璧谦）

子产的为官与做人

春秋时期的郑国正卿子产，孔子赞其"君子"，史学家司马迁称其"仁人"。他做官一身正气，两袖清风，为人光明磊落，心底无私，是历代传颂的开明政治家。

一、不开"后门"

根据史书记载，子产是在将要离休的前任正卿子皮的大力推荐和支持下接任郑国正卿的；子皮是子产的知遇恩人和政治后台；子皮晚年想走子产的后门，为自己心爱的小儿子尹何求得一个地方官的职位。子产说："太年轻，不知可否做官行政。"但是，子皮仍坚持自己的要求，说："这孩子谨慎善良，不违背我的话，我喜欢他。先让他做官，再学做官的本领，就会越来越懂得行政治国。"子产断然拒绝了这一不正当的要求，回答说："不可这样做。爱自己的孩子，应当为他寻求正当的利益。现在，你爱自己的孩子就想让他做官；这就如同他还不会用刀就让他切肉，很容易切了他的手、伤害他自己。你爱自己的孩子，结果却害了他。你是郑国的栋梁。栋梁折断椽子会崩散，我就将被压在底下，岂敢不把话全部讲出来？我只听说学习以后才做官，没听说把做官作为学习的。如果按你的要求去做，一定有所伤害。"子产这番肺腑之言、远见卓识，深深感动了子皮，说服了子皮。子皮心悦诚服地说："你说的好啊！我真是不聪明。我听君子致力于了解大的远的，小人致力于了解小的近的。我，是小人啊。"正因为子产选官用人不开"后门"，才大大缓和了内部的权力争夺，端正了官风，理顺了民心，在那个动乱的年代维持了郑国的存在。

二、敞开言路

子产允许人民议论政治国事、评价官员得失优劣；开放言论，以疏导民心、改良政治。如果没有政治家的宽广胸怀，这是难以做到的。

当时，郑国有许多"乡校"，士人、平民经常到这里"以论执政"，评论政府的是非得失、当政者的好坏功过。对此，许多贵族很不舒服，建议"毁乡校"。子产不同意，说："为什么？人们早晚事情完了，到那里游玩并议论执政的好坏得失，他们认为好的，我就推行它；他们所讨厌的，我就改掉它。这是我的老师，为什么要关闭它？我听说用诚实的善行减少怨恨，没有听说用权威禁止人们的怨言。权威难道不能很快封住人们的口？但是，这就如堵塞河道一样。洪水冲破大口子，伤人必然很多，我们无法挽救。不如把水逐渐放掉、加以疏导；不如让我听到，改进行政。"要求"毁乡校"的贵族，听了子产这番高论，心悦诚服，说："如果照你的主张做下去，确实有利于郑国，岂独有利于二三位大臣。"众人议政，则能补过失；献良策；言论畅通，则能人心顺、国家和。

三、不迷信

子产不迷信上帝权威，不迷信预言家的大话；遇事从实际出发，顺应自然规律而做出明智的处理，避免了很多不必要的损失。

子产认为："天道远，人道迩，非所及也。"治国应尽人事，不应迷信天道；应根据自然规律办事，不应祈求鬼神。公元前526年，"郑大旱，使屠击、祝款、竖村有事于桑山。"但是，他们却"斩其木"，以祈求天神赐雨；这是一种愚昧的迷信行为。子产对这种破坏自然环境的迷信行为非常气愤，说："有事于山，艺山林也；而斩其木，其罪大矣。""夺之官邑"，罢了三人的官职。

公元前524年夏季，许多地方发生了火灾。当时郑国一个自称神明的预言家裨灶对子产说："宋、卫、陈、郑四国将在同一天发生火灾。如果我们用玉瓒祭神，郑国一定不发生火灾。"子产不给。夏五月，宋国、卫国、陈国、郑国都发生了火灾。这时，裨灶更加得意地说："不听我的话，郑国还要发生火灾。"郑国许多人都要求子产听从裨灶的预言。子产不同意说："裨灶哪会知道天道？只是他说多了总有碰巧的时候，不足为奇。"于是就不给，后来也没有再发生火灾。事实证明了子产的真知灼见。但是，子产对时有发生的火灾并未放松警惕，而是采取了周到的应急措施。"火之作也，子产授兵登陴。"加强戒备。他说："吾闻之，'小国忘守则危'，况有灾乎？"

子产认为："政事如同农活，日夜思之，思其始而成其终。"深思熟虑，兢兢业业，务实治国；不信天命，不信莫名其妙的预言，全靠自己。他认为：祭天求神，"不安口修德"。

四、"择能而使之"

任何人，包括大小不等的人才，总是既有长处、又有短处。若是择其所能、用其所长，就会事业成、国家兴；若是用其所短、任其所不能，就会事业误、国家衰。在这一点上，显示了子产的明智和政治家风度。子产选择贤能而使用他们。冯简子能决断大事；子大叔美秀而有文采；子羽能了解四方诸侯的政令，而且明白他们大夫的家族姓氏、官职爵位、才能高低，又善于辞令；裨谌能出谋献策。子产都能因人而异，扬长避短，让这些人发挥了他们应有的才华。而历代都有一些自傲聪明的当政者，不问人才的长处和短处，盲目使用人才，造成不良后果。为政不重用人才，是不行的；用人不当、用非所长，同样是不行的。只有"择能而使之"，才能事成功立、国治民安。

子产"为人仁爱人"。因此"子产啐，郑人皆哭泣，悲之如亡亲戚。"由此可见子产的为官和做人是深得民心的。

（谭风雷）

行善积德有好报

　　"德可延年""善有善报"，这些古话并非一厢情愿的虚言妄语，至今仍然很有现实意义。

　　马师傅是西安某厂一位老工人，他为人纯朴，品德高尚，一贯以助人为乐，经常做好事被人称颂。他在48岁那年，曾经做过一件抢救溺水儿童的好事，当时谁也不知道，没有想到在14年之后，却得到了那个当年被救儿童和他一家人的最好报答。一个为善积德的人，果真得到了善报，一时间被人们广为传颂。

　　事情的经过是这样的：1979年夏天，老马像往常一样到河边去散步，忽闻呼救之声，原来是几个少年在河中游泳，其中一个孩子因遇漩涡而卷入深水中被淹。老马二话没说，当即跳入河中救人。孩子被救上岸，已经不省人事，眼看就有生命危险。老马连忙将孩子口鼻中的泥沙掏出来，嘴对嘴地进行人工呼吸，经过一个多小时的紧张抢救，孩子终于苏醒过来。直到孩子完全恢复正常以后，老马这才劝他赶快回家，并且叮嘱以后游泳一定要注意安全。孩子当时刚十来岁，回到家里怕挨骂，因而不敢向家长谈及自己溺水被救的事。老马回去以后，无论在厂里或家里，也从来不提此事，故无人知晓。

被救的孩子姓卞，当年是西安市第五十六中学初中部新生。当小卞长到14岁那年，一天在电视中看到一则见义勇为抢救落水儿童的报道，突然回忆起自己几年前溺水被救的事，这才一五一十地将往事告知其母亲。母亲姓张，是一位小学老师。张老师听了以后说：孩子，咱们不能无情无义，得赶快寻找那位救命恩人，一定要好好地感谢人家，你知道他的姓名吗?"小卞摇着头说不知道，只晓得那人长得又高又瘦。尽管他们四处打听，却始终找不到线索，然而此事一直搁在母子二人心中。

八十年代初期，马师傅因承包一家分厂而去了山东，故在西安也不可能找到他的踪影。老马做工确是一把好手，而搞管理却很外行。承包分厂几年下来，工厂出现了大亏损，连老马自己的全部工资和奖金也被扣除去抵债了。回到西安以后，老马已经身无分文，生活毫无着落，老伴也于1987年去世，这无疑对他精神上是一个很大的打击。三个儿子虽然全都参加工作，各人都有收入，平时却只知来家中索取，从来不奉养父母，眼见父亲那里再无油水可捞，便干脆撒手不管。一个女儿已出嫁，也是自顾不暇。老马从此一直过着穷困潦倒的日子。老马尽管生活窘迫，可是人穷志不短，有一天他在打扫公共卫生时，忽然拾到两块火柴盒大的黄金，当时他正缺钱用，倘若将这两块黄金拿去换钱，也是一笔不菲的收入。然而老马拾金不昧，毅然将黄金交公，自己宁可过艰苦的日子。古人曾说："临财毋苟得"，又说："苟非吾之所有，虽一毫而莫取"。马师傅以实际行动表现了古人所倡导的这种高风亮节。

1993年12月，老马前往一位老乡家探访，恰恰从卞家门前经过，正好被小卞看到了。小卞目送着老马进了一户人家的门，转身便悄悄地对母亲说，刚刚打门前经过的好像就是当年那位救命恩人。母亲对他说，你不要声张，让我先去探问虚实以后再说。张老师很快来到那户人家，见客人是一位老师傅，便询问贵姓，说是姓马。又询问是否经常喜欢到河边去散步，说是喜欢常去河边散步。再询问14年以前是否在河边做过什么好事，老马回忆说，曾经救过一个溺水的儿童。张老师立即自我介绍说，她就是那个溺水儿童的母亲，当即泪流满面激动万分地向老马表示感谢。她连忙回家叫儿子一道赶来拜见恩人马伯伯，并且接老马到家里做客，热忱款待。

1994年初，卞家购买簇新的呢子大衣和中山服等送给老马换上，老马一下子精神了许多。小卞和母亲一道询问马师傅的生活近况，老马不觉长叹一声说，真是一言难尽哪，接着便把自己不幸的遭遇和困窘处境以及三个儿子不仁不孝的状态诉说了一遍，说自己虽然是个有儿有女的人，实际上却等于是孤寡老头儿。小卞见此情景，当即提出要接马伯伯到家里来住，甘愿一辈子奉养他。老马见小卞虽然已是二十四岁的小伙子了，却尚未娶妻成亲，心想即使小卞乐意，将来找的对象也不一定乐意，因而没有吭声。卞家为此召开了专门的家庭会议，小卞再次表态要接马伯伯到家里来住。他的母亲张老师很严肃地说："接你马伯伯来家里住，我和你父亲都同意。但丑话说在前面，将来你结婚以后，两口子乐意奉养马伯伯就留下，不乐意就分出去单过，我和你父亲一道来扶养你马伯伯好了。"小卞说："我找对象得有个先决条件，必须是乐意奉养马伯伯的姑娘才能娶。"就这样，马师傅被接到了卞家居住，全家都待他像亲人一般，小卞更是像孝敬父母一样地孝敬马伯伯。老马逢人遍告，小卞可比亲生儿子还要亲得多啊！

老马初来卞家时虽然只有64岁，却头发全白，一身瘦瘠不堪，显得有些老态龙钟。来到卞家住下以后，由于伙食不错，加上心情十分舒畅，在不到两年的时间内，头发逐渐由白转黑，脸色也开始红润起来，体重竟然增加了十多斤，精神更是格外抖擞，一下子显得年轻了许多，看上去根本不像66岁的老人。大家都说，老马肯定会成为长寿老人。老马虽然享受着清福，但心中很不安，因为小卞一连谈了两个对象都吹了，目睹二十六七岁的小伙子娶不上亲，觉得很不是滋味。于是他收拾好行装，决定立刻离开卞家。卞家坚决不同意马师傅走，反复劝说他安心住下。盛情难却，马师傅只好暂且住下来。得道多助，怀德不孤，有一位贤淑的姑娘恰恰最欣赏小卞有一颗善良的心，对他表示爱慕，答应他所提出的各项条件。姑娘说："没有马伯伯的拯救，也就没有今天的小卞，奉养马伯伯完全应该，我很乐意。"1996年，小卞与姑娘喜结良缘，小俩口亲亲热热，恩恩爱爱，果然像孝敬父母似的奉养着他们的马伯伯，全家的日子过得和和睦睦，其乐也融融。马师傅在亲生儿女身上根本不可能得到的孝心，在小卞家中却全部得到了，这里何等令他欣慰的事啊！

马师傅为人老实忠厚，品德高尚，一贯坚持做好事，能救人之危难，助人为乐，最终得到了善报，这无疑很值得赞叹。而小卞一家却也十分难得，须知社会上忘恩负义，过河折桥，甚至恩将仇报的事也是时有发生的。小卞一家则不然，从小卞母子的言行来看，这户人家十分重视做人处世的思想品德教育，有着尊老爱幼的良好传统。他们为人纯朴、善良、正直，见义勇为，待人宽厚，乐于助人。小卞在河中抢救溺水儿童竟至差一点丧命。他们从不忘恩负义，而是知恩必报，真正做到滴水之恩当以涌泉相报；他们的高尚品德及其尊老、敬老、养老的精神，同样是值得颂扬的。

（周一谋）

轮椅上的姊妹花

一、姐姐王凝楠

王凝楠，你的名字真好听，你静静地坐在轮椅上，挂在你脸上的是甜甜的笑靥。你的手很柔弱，柔弱得让我的心发紧，我艰难地寻找着温和的语句，因为怕触痛你，我以为你是脆弱的。

你尽管问吧，大记者，我开着"烦恼消防线"呢。她那一脸灿烂的笑容，彻底地打消了我的顾虑，我的心情放松下来。王凝楠还没学会走路便永远失去了走路的能力。无情的进行性肌无力使她的双脚永远撑不起她的身体。在母亲怀抱和歉疚的泪水里，凝楠长大了。与她一同长大的还有一个和自己一样不能行走的妹妹王凝楣。

后来家里来了一个能蹦能跳、说话挺好听的表姐。表姐十五岁，是个初中生，认识很多字。她教凝楠和凝楣认字。她们俩对方块字特别感兴趣，一个字表姐念一遍，她们都能牢牢地记住，从不用表姐再念一遍。为了调动她姐妹俩学习积极性，表姐还买回来两条红领巾给她们系在脖子上，让她们尝尝当学生的滋味。这两个系红领巾的学生真是好学生，表姐教，她们就如饥似渴地学，不教，她们俩就互相考问，趴在桌上翻卡片，挑偏旁部首组字。就这样学了一册学三册，学了三册学五册，跳着学，一年竟学了五年里的课程。吓得表姐直讨饶："好妹妹，我是教不了你们了，你们自个学吧！"于是爸爸买回来一套《辞海》，好大好厚哦，凝楠、凝楣抱都抱不动，只好把《辞海》放在一旁，用小手不停地翻动。那里是知识的海洋，她们是抱着《辞海》长大的。

不知从哪一天起，当王凝楠从《辞海》里抬起头来的时候眼前一片模糊，她近视了；然而她心里却是敞亮亮的。她喜欢唱歌，却因力气不足，不能引吭高歌；她喜欢画画，手却没有足够的力气。唉，这双手太柔弱无力了。

她是那么渴求知识，那种欲望不可扼制。

1979年，王凝楠17岁，山西青年杂志社创办第一所没有围墙的大学——山西刊授大学，王凝楠有幸成为了这所大学的大学生。虽然她见不到所有的同学、校友，但她却系统地学习了很多东西。

当时刊授大学在郑州有个定期辅导班，一周三个晚上，每晚7点钟上课，父亲推着她要走五公里路程，再默默地把她抱到三楼教室，然后冲女儿微笑着离开教室，一直在外面等到她下课再把她抱下来。就这样一直坚持五年，直到结业。那时候，王凝楠的文字功夫已经相当了得。从1979年开始她便写日记、读书笔记，已经写了多少本呢？反正抽屉里满满的都是。虽然她写得特别慢，但她坚持不停地写，不停地抄，不停地发表。她的字洒脱，文章优美，充满了浪漫主义色彩。在一篇题为《我喜欢风》的作品里，王凝楠这样写道："我喜欢风，喜欢春风，也喜欢秋风，喜欢乍暖还寒时候的风，喜欢吹得我微微颤抖的风……逆风而行，长发飘飞、衣裙起舞，有一种压迫感于面上轻拂，努力向前走，便如在水中冲浪。有时让我睁不开眼，为着前行，我不能不捉迷藏似的小心试探着去微睁。若有这冷的风闯入眼瞳，便又是一番惬意与快慰……"

在另一篇《年轻）的诗行里，她说"年轻／是只白色的小猫／总想跳出些声响／脚步／却总是太轻／太轻。"

她用一双柔弱的小手不停地描绘着一个青春少女色彩斑斓的梦。《青年文学》《女友》《莽原》《时代青年》《美与时代》等等报刊都有她的大作。在《青年文学》征文中她获得了优秀奖，《女友》举办的诗歌大赛她获全国青年蓓蕾奖，如今她已经是河南省作协会员。

王凝楠身上那种自强不息的精神吸引了好多人，她不但拥有全国各地好多笔友，还吸引了大批郑州市的朋友，他们心里一有了疙瘩，就来找王凝楠。凝楠就有这么大的本事，三两句话总能把他们的思想疙瘩解开，她的语言犀利幽默，人又豁达，开朗，让你开心个够，哪里还顾得上生气。一比较，朋友们心里不知又添了几层愧色。瞧瞧吧，咱四肢发达，一切俱全，怎么还不如人家凝楠有成绩，人家坐在轮椅里都能让生命开出鲜艳的花来，她难以做到的都做到了，我们该做到的都没有做到。

由此，凝楠萌发了一个念头，我要开办一个"烦恼消防线"。消除人们的痛苦，只要朋友们都能开心地生活，自己不也获得了许多快乐吗？

为了能早日开办一条心理咨询热线，凝楠钻研各方面的书籍：《心理学》《美学》《社会学》《法律学》……一本本厚厚的书被她啃完。1994年12月底，王凝楠的"心理消防热线"开通了，她心里真高兴。

热线电话一个接一个，凝楠的手累得又酸又软，嘴说得唇干舌燥，连水都来不及喝一口，耳朵紧紧贴着话筒，仔细聆听着每一字一句。她不厌其烦的话语像涓涓细流从电话这端汩汩流进那端，滋润着一颗颗受伤的心。除此之外，还收到许多听众的来信，她会毫不厌倦地一一回信，虽然一封短短的信，她竟要写三四个小时，那速度实在太慢了，没办法，那只拿笔的手虽然总是柔弱无力，可令人难以置信的是她笔下的字却字字工整，一丝不苟，那一手好字令好多朋友羡慕呢，字字句句都是从她心底流淌出来的呵！

因为每天和文字打交道，父母看女儿实在是太辛苦了，省吃俭用买来一台电脑，王凝楠和妹妹很快都掌握了打字技术，而且相当精熟，一般的人还赶不上她们呢。她帮朋友打过资料，搞中介服务，哪个朋友若没有工作，王凝楠姐妹就能搜索出一大堆资料，帮朋友找到合适的工作。这简朴的屋里温暖而明亮，吸引着一批又一批的朋友，王凝楠"信息服务中心"好热闹。

二、妹妹王凝楣

采访时，王凝楣来了一位朋友，她们正在里屋倾心交谈，我一直没见到她。王凝楠的故事讲得差不多的时候，王凝楣才被妈妈轻轻地推出来。

凝楣在轮椅里还是一副沉醉的神态，刚才和朋友一定谈得很愉快，她说："我来也，我叫王凝楣，'枉凝楣'，听起来有点悲剧色彩，其实一看人并不是这样，对吗？"

她一脸的快乐，仿佛几百年前我们就是朋友，一点生疏感也没有。她和姐姐的性格迥然。凝楠一身淡绿，从衣服到漂亮的棉拖鞋都是，宁静、温和、高雅、大方；凝楣浑身都是红的，像冬天里的一颗火苗，温暖而明亮。凝楣也戴着大眼镜，笑起来灿烂得像遍野金黄的油菜花，充满勃勃生机。

凝楣说，我的志向挺高的，姐姐说我的野心大，我不否认。真的，我有成名成家的想法，我不愿做个平常人。我能吃苦，我的成绩都是我拼命一点一点刻苦得来的。我这个样子挺像张海迪的，可我比较一下，我和她有相同的地方，也有不同的地方，相同的是轮椅、眼镜、外语。不同的是：张海迪相信人内在的潜力，去与命运抗争；我呢，我是看到了人自身的局限，人是茫茫宇宙的一个点，我相信超然的能力，那种能力不是人本身的。张海迪在与命运的抗争中有骄傲也有痛苦，是一种悲壮，是以斗士的面貌出现的；我是得到了大自然的雨露，上天的恩赐。我得到了很多，友情、亲情，我每天都感到特别的快乐。

因为学英语，她认识了许多朋友，在郑州紫金山公园有个外语岛。每次她去外语岛都是由父母推着去。她坐在轮椅上，从容地与朋友交谈着。她流利的外语，让人大吃一惊。

渐渐地，凝楣的朋友也多起来了，外语岛的朋友们和她一起学习，互相切磋，共同提高，建立了深厚的情谊。每次活动时，少了轮椅上的凝楣，朋友们总感觉有些失落。凝楣还在"外语岛"结识了许多外国朋友，远在大洋彼岸的美国高山大学校长露丝·史密斯在给她的信中说："在这喧闹的世界里，人们生活都很烦躁，心理压力很大，但一看见你的笑容，目光停泊在你的笑脸上，便能寻求到心灵的安宁……"

跟王凝楣姐妹接触心灵能得到净化，每当有些朋友心里不痛快时，就让凝楣"挖苦一通"刻薄一番，她们的心里甭提多舒畅，五脏六腑都被洗净了。

这些年来，凝楣更多的精力是花在翻译上，她先后翻译了《来自天堂的回信》《我会回来的》……等外国文学作品，有些篇章还被《读者》《青年文摘》选载过。

三、始终微笑的母亲

王凝楠姐妹在说她们的故事时候，母亲一直在她们的轮椅旁，给她们倒水，并不停地在她们身上轻柔地按摩，亲昵而自然，她的脸上一直挂着淡淡的笑，平静而安详。

说起母亲照顾她们姐妹的艰难，凝楠让我看她写的一则日记——《妈妈的一天》。她在日记里这样写道：在我的记忆中，母亲的脸上一直挂着慈祥的微笑，我和妹妹在她的微笑里长大，我们很幸福。但妈妈每天天刚蒙蒙亮就起床，一边扣着衣扣一边往厨房走，烧水做饭，然后自己简单洗漱一下，就来照料我和妹妹，因为我们的四肢软弱，妈妈总是小心翼翼地给我和妹妹穿衣服，生怕碰痛了我们。我们起床以后，妈妈还要一个一个抱我们上厕所。直到把我们俩放在轮椅上，才得喘一口气，这时母亲上班时间也到了。母亲工作单位离家很远，不会骑自行车，搭公共汽车时间又无法保证，只能早早出门。临行前，母亲还要将我和妹妹一个推进客厅，一个留在卧室，这是我们学习的地方。母亲每天总要问还有没有其它事要办，待一切停当，母亲这才飞也似的出门……。

凝楠的母亲是河南省第六建筑公司工程师。作为一个知识女性，她不但工作干得出色，她还能将两个残疾的女儿打扮得干干净净、漂漂亮亮。她爱这两个腊梅一般傲霜成长的女儿。母亲的脸上没有疲惫，没有倦容，有的只是幸福与满足，然而从她的语言中流露出些许歉疚。

"我对女儿实在是太娇惯，太大包大揽，左邻右舍都这么说我，从小我舍不得让她们在地上随便爬，她们身上脏一点我就忍受不了，容忍不了女儿拐着拐杖。那次有人送给女儿一副拐杖，我一看见女儿拐着拐杖的样子，心都要碎了，上去一把夺过拐杖，把它们扔得远远的，抱起女儿大哭一场。想起来真的有些懊悔，如果不是自己这么护着女儿，让她们多自己锻炼锻炼，说不定身体要比现在好得多。尤其是凝楠，过一个冬天不如一个冬天，身体也越来越坏。"

"现在虽然姐妹俩都坐在轮椅上，但她们几乎没有力量让两个轮子转动，如父母不在家时有客人来，凝楠还可以一点点挪到门边打开门锁，虽十来米远都要十来分钟，来到门前已累得她气喘吁吁；而凝楣若离开别人的帮助就寸步难行。她连饭碗都无法端起，她的身体只有四十多斤重，夜晚睡觉翻身都要别人帮助……"

说到伤心处，母亲把话锋一转说：

"我的这两个女儿呀，虽然身体上有严重的疾病，但她们的心理健康程度是一般人所达不到的。她们从不奢望她们得不到的东西，很现实，很会调节自己的心理状态。所以和朋友们接触，朋友们也不会觉得她俩是病人，有什么不自在的地方，他们之间的接触是一种平等的接触特别是交的那些信友，简直是海阔天空，无话不谈。她们俩的内心都很要强，都充满热情。对别人无所求，这一点吸引了许多朋友，朋友们爱她们身上那些可爱的东西，觉得与她们交往纯净而美好。她们身上没有什么可以利用的，我们这个家庭也一贫如洗，别人也无所索取，她们为什么会有那么多朋友呢？这反映出人与人之间的善良的一面，反映出一种人性美，人情美。我的两个女儿能获得这些纯洁美好的友谊，我感到无比的欣慰与自豪，我和她们的爸爸都为我们能拥有这么两个好女儿而幸福。这不，我们把积攒下来的钱为女儿买了一台按摩器，花了一千多元，现在我一点也不为女儿们担心了，因为她们已经面对自身及苦难三十多年，什么都经得住了。以前，去商场我最怕去儿童专柜，怕看儿童的鞋子；她们长大了，我怕看跳舞的，怕听到结婚的鞭炮声，甚至她的表姐谈男朋友，我都不让她带来，怕刺激她们，怕她们心里难受。可是，后来，我发现自己的这些做法都是错误的，她们会调解自己，发挥自身的优点，尽量做自己能做到的一切。看别人跳舞，对她们来说也是一种间接的体验与享受。关于婚姻，我的凝楠也有过几个要好的朋友。一个部队作家，深爱着她，可几次都被她拒绝了，她是一个负责又善良的女孩，她怕给别人带来麻烦。可是人家仍爱着她，没有办法凝楠就是讨人喜爱嘛！"

说到这儿母亲心里不知有多甜蜜与幸福。

"你们的婚事想过没有，可以回答我吗？"凝楠微笑着说："到了这个年龄，只要大脑健全的人都会有这个想法，不想，才不正常，虽然我不能站立，但我的思想和正常人一样，我渴望生活，热爱生命，既然父母给了我生命，只要这生命一天不消亡，我就应该好好活，像正常人一样有梦，有爱。"

"说了半天，实质性的东西却一点没说出来呵，现在到底有没有固定的男朋友，可以透露一点吗？"我单刀直入了。表姐在一边忍不住了，开玩笑说："有，有，我们楠楠有男朋友呵，可多呢，现在呀，她是普遍撒网，重点选拔。"一屋的人都乐了，凝楠也乐了。

当问凝楣时，凝楣一脸沉思状，微闭着眼睛喃喃地说："我的爱与上帝同在，除非上帝为我预备好一个人，并让我产生爱他的想法。"

凝楣更含蓄，更富有诗意。

四、凝楠和凝楣的希望

我看到，采访至始至终凝楠和凝楣的脸上都找不到一丝抑郁的影子。她们用各自的心灵，各自的目光，各自的双手把自己装扮成理想的模样。凝楠秀发飘逸，双颊略施粉黛，玲珑的眼镜恰到好处地架在高高的鼻梁上；凝楣则齐耳短发，笑脸粉白，一双深邃的眸子，与人谈话时，她很少开口，总是静静地听，浅浅地笑。浑身有一种清雅、恬淡、超然的韵味儿。她们俩有很多本影集，每本影集里都挤满她们无忧无虑的笑脸。

这时，记者还是将目光落在凝楠双腿上，脱口说："你一定很羡慕我的两条腿吧？"

凝楠说："你看见小鸟的翅膀着急吗？"

"那倒不着急，因为自己没有飞翔的感觉。"我说。

她说，因为不曾拥有的欢乐，也感觉不到失去的痛苦。

凝楣在一边说："我也常对人这么说过，其实这种想法是很愚昧的，终归有两条健康的腿好，并不是认识到了其中什么深奥的道理，而只是一种习惯，一种对现实生活的认同，说穿了，是一种无奈。"

是的，虽然洒脱的凝楠这么说，可是从她的文章中却可以深刻地感觉到，她是多么想奔跑，渴望迎风飞翔；哪怕是脚步轻轻，猫一样地走动，那种感觉对于她们来说实在是太美好了。

凝楠说："我最大的愿望，除了妹妹说的那些，主要是让我的'烦恼消防线'热起来。给那些有烦恼的朋友一些快乐，一些帮助，一些友爱。因为我也需要他们。我相信，握住我柔软的手，会给你最坚强的力量！"

采访整整进行了四个小时，我仿佛也成了她们无话不谈的朋友，当我问她们姐妹俩还有什么话要对广大读者讲时，凝楣递过来一张纸条，上面写着："失败也未尝不是一种成功。"例如拳击比赛，你虽然被击倒但能立刻顽强地挺起，或者你只要比对手稍有韧性，你就不是没有得奖牌的可能。能够培养并保持这种韧性的进取心理，这本身就是成功。

（张芳云）

老实是福

　　"老实"一词，字典上解释为诚实、规矩，实事求是。

　　其实，老实就是按规律、按规矩办事，丁是丁、卯是卯，不含糊、不马虎，是做人的应有的准则，是一种朴素而可贵的品质，也是中华民族的传统美德。孔子曰："居处恭，执事敬，为人忠"，合为仁。意即平素端庄，做事认真，待人以诚。这是讲为人处世。科学家是老实人。斯基说："真实与朴实是天才的宝贵品质"；雨果则认为"谨慎比大胆要有力量得多"。我们党之所以能够领导全国人民取得革命和建设的伟大胜利，受到群众的拥戴，其重要原因就是言行一致，言必行，行必果，为民造福，取信于民。老一辈革命家襟怀坦白、谦虚谨慎、求真务实的高风亮节，给我们树立了光辉的榜样。毛泽东同志一贯倡导理论联系实际，实事求是，不尚空谈，这也是党的优良作风的核心和灵魂。彭老总，舍得一身剐，敢讲真话，犯颜直谏，敢为人民鼓与呼。陈云同志一生注重调查研究，"不唯上，不唯书，只唯实"，他总是要求别人讲真话。而当年大庆的"三老""四严""四个一样"，作为工人阶级高度自觉、团结战斗、忘我工作、奋发图强精神的集中体现，曾经激励和感奋了全国人民，哺育了整整一代人，今天仍然闪烁着耀眼的光芒。而新时期党的好干部的杰出代表孔繁森，更是一诺千金、忠贞不渝、埋头苦干、以身垂范、无私奉献的光辉典范。他时时告诫自己："要实事求是，不弄虚作假，不掩盖问题，不推卸责任，不避重就轻"，成为一个"表里俱澄澈、心迹喜双情"的人。

时代呼唤老实人，群众喜爱老实人，历史也钟情于老实人。在当前市场经济大潮中，我们更应该以诚立世，谦虚谨慎，"夹着尾巴做人"，通过自己的诚实劳动，勤劳致富，守法生财，吃"自个儿碗里的"不乱"开口"，不乱伸手，要洁身自好、与人为善。这样，一定会善有善报，心安理得。我们的党员干部，要牢记全心全意为人民服务的宗旨，加强修养，淡泊名利，恪尽职守，鞠躬尽瘁，死而后已，成为做老实人、说老实话、办老实事的带头人。

（崔鹤同）

走出交际 "黑洞"

有位人际关系专家说过，人一生中有两件事要做，一件是做事，一件是处世。关于如何做事，学校和社会已为每个人做了极为周到的安排，三百六十行，行行都能出状元；关于如何处世，每个人都没有这方面的专职教师，学校的课程表里也找不到类似的课程设置，人们只好以"父母是第一启蒙老师""社会是一所大学校"聊以自慰。

在如何处世为人方面，我们每个人都会接受一些戒律。

现在该是我们检讨这些戒律的时候了。

1.亲密须有间

遇到投缘朋友，人们喜欢亲密无间、形影不离；如果是恋人则更是如胶似漆、寸步不离，让对方喘不过气来。这是个危险的征兆。

交久时，人应该根据彼此投缘程度确定一个双方都觉安全的距离，一般的朋友距离远一些，生死之交和道义上的朋友距离可近一些。但关系再好，彼此也应保持一定距离，使双方感觉增一分则太长，减一分则过短。恋人、夫妻之间处理关系也不例外，适当保持一点距离，给爱情放放假，保留一点神秘感。

过分关心别人，包办别人本应自己干的事情，只能使对方感觉腻味、厌烦，别人表面上作盛情难却状，内心里却掩藏着说不出的愤怒。

2.人生得一知己足矣

常言道：人生得一知己足矣。

有一知己与没有知己相较，确实令人自豪。但如果有一知己则心满意足，不思另结新朋，把有限的时间精力全投入到与一个或少数几个知己鬓发相磨，实属浪费。

人际交往也存在边际效应问题。与某人的交际达到一个极限时，再追加投入，交际的产出维持不变或增幅甚小，如果把追加的投入投向其他人，则可能产生巨大的回报。超过极限值的时间和精力与其继续投入到并无多大产出的同一个人身上，不如投到有巨大增长潜力的其他人身上，均匀使用力量，多结交几个朋友，多几分收获。当然，此间还有一个如何择友的问题，但那已属另一范畴。

3.脚正也怕鞋歪

有人自恃脚正不怕鞋歪，故作天马行空、无拘无束状，与他人交往时全然不考虑时间、地点、场合、对象等因素，你自己以为是坦坦荡荡，别人会由此萌发嫌疑，怀疑你的人品、为人，你若再作解释，恰巧是此地无银三百两。

涉嫌，是交际中的"百慕大"，许多人避之唯恐不及。古乐府《君子行》有云："君子防未然，不处嫌疑间，瓜田不纳履，李下不整冠。"

一个人一旦涉嫌不轨，别人会毫不犹豫地将你打入另册，连一点申辩、解释的机会都不给。因为选择一个白玉无瑕的人比有瑕疵的或瑕疵阴影的人更可靠；况且，有的嫌疑短期内根本无法澄清，有的可能会成为一个永久的谜。人们的交往对象不是破案能手，他们对扑朔迷离的涉嫌行为没有特殊的嗜好，根本不会分神去分辨谁是谁非。处理嫌疑的最好方式是不要涉嫌。

4.忠言不必逆耳

人们常说：良药苦口利于病，忠言逆耳利于行。这句话重复多了，人们难免会形成错觉，规劝别人的话必须难听，不难听的话不配称"忠言"。

这是个天大的误会！

规劝别人实际上是向对方推销你的动机、方案和方法的过程，动机、方案、方法三位一体，缺不一可。劝说别人时，人们往往只强调动机的利他性和方案的选优性，忽略了别人接受过程的复杂性和说服方法的使用，殊不知，方法的不当恰巧抵消了动机和方案的优势。既然别人不接受你的方式方法，他又怎能爱屋及乌，最终接受你的动机和方案呢？

西方管理学家认为，怎样干往往比干什么更重要。

忠言如果顺耳不是更好吗？唐太宗李世民有次扬言要杀掉敢于触犯龙颜的魏征，长孙皇后闻后十分着急。如果用逆耳的"忠言"劝说李世民，李世民不仅不容易接受，反而会使事情弄得更糟。会说话的长孙皇后取顺耳之言规劝李世民。她说：自古以来主贤臣直，只有君主贤明，当臣子的才敢直抒胸臆、有话就讲，今魏征敢于直言劝谏，全赖圣上贤明。李世民闻后龙颜大悦，打消了杀魏征的念头。

交际是一门严肃的科学，是人生的必修课，仅靠古人的几条垂训和社会上人云亦云的箴言是填写不好交际答卷的。只有以科学的态度对待交际，遇事具体问题具体分析，现实问题现实分析，才会找到问题的真正答案。

（乔宪金）

一丑遮百俊

致命的毛病一定要注意清除，否则就会一丑遮百俊，其他干得再好也白搭。

致命的毛病一般又都是不易被察觉的，它在不知不觉之间便被吸附到你的身边，又在不知不觉之间被沁渗到你的骨髓。有朝一日隐患暴发，你还目瞪口呆不知所然。

因为拥有百俊而忽略一丑的大有人在，因为拥有一丑而导致百俊俱丑的亦大有人在。陶醉于俊而失手于丑，是人生的一大难堪。

有人失败，就败在自我感觉太好。

自我感觉太好时，就要清醒了，警惕了。都夸你俊时，丑就开始了。

丑然后知求俊者，是假丑。只知俊而忽略丑甚至于千方百计遮丑的人，最终就只剩下丑了。

俊与丑，又都是相容、并存、互为转化的。没有只俊不丑，亦没有只丑不俊。有时，保留一点点无关紧要的丑，反而映衬出俊的可爱来。

（欧阳斌）

活出内容

　　某科室工作高雅、清闲，一天的事务不消半个小时就可做完，余下的时间大家都海侃神聊，乏了便优哉游哉找法儿消磨时间。时间一长，几个人都觉得无味，似乎患了"科室病"，无聊空虚，没精打采，提不起神儿，像少了水的花似的蔫着。

　　真是"城里的人想出去，城外的人想进来"。在外人看来，这个科室是个好所在：事儿少，薪水高，还能时不时发号施令，有多少人削尖了脑袋往里钻。然而有一天，副主任小杨却对着一个自称太累了想轻松点儿的人愣了半天，认认真真地盘问了具体情况。那人一五一十陈说原来的工作是如何繁多，做也做不完。小杨突然很认真地说要跟他对调工作。这真是石破天惊。那人怔住了，周围的人也都露出迷惑不解的神情。

　　小杨不是说笑话，他真那么做了。许多人不理解，猜测小杨是不是吃错了药，还是打着什么算盘。然而小杨说得很诚恳：人是要活出内容的，有个事做才充实。我还年轻，我还想发挥我的才智，我不愿荒着。这种闲日子真让人闷得慌，简直是一种消耗。这才累哩，我受不了啦。这话说得入情入理，不由得不让人对"小杨现象"深思起来。

芸芸众生之中有两种活法：一种是享乐型。这类人工作要清闲，手头要宽裕，在吃喝玩乐上兜圈子。表面看来这很自在、很舒坦，过着这种生活的人也自以为活出了人生真味。那所谓"男人不喝酒，不如一条狗""有了圆里方，万事好商量"一类，都是说的这种人生哲学。然而人活着就是为了享乐吗？大家都去享乐，谁为我们提供物质基础？人活一世，光阴如斯，就做个寄生虫，其人生意义何在？大约上帝也看到了这一点，把享乐只安排为人劳作之后的休憩和调节。失之过度，就让它变得乏味寡趣；对那些沉湎于其中的人，还让他感到空虚困倦。与享乐型相对的一种是工作型。这类人闲不住，总想找份事做。在一般人看来，这是找亏吃、找罪受，不是迂腐，就是傻冒。但劳作自有趣味在，奋斗拼搏才是生命的基本形式，在工作中才能发挥聪明才智，实现人生价值。外国有一种 Y 理论，认为工作与娱乐、休息一样自然，人们愿意做自己愿做的工作，无须别人控制与监督，人在工作中获得自我价值的实现。这种理论虽然只是一种假设，但却颇能概括一些现象。由此观之，那些工作狂、勤快人，不仅可以理解，而且深得人生要义。

当然这些人不只表现为对工作的执著、狂热、忘我，他们并不是麻木的、不知疲倦的机器，而是有自己的目标和追求。他们做起事来，是那么有条不紊，井然有序，踏踏实实，不断进取。在这些人中有一类人是更值得称道的，他们把所有的努力看成是自己的事业，他们为事业而奋斗、拼搏，事业成了他们的人生内容。为了事业，他们孜孜以求，忘我痴迷。更为可贵的是，许多朋友把工作作为自己的事业，从工作出发结合自身实际，确立目标，不懈追求。这样的事业是切合实际的，而不是好高骛远的、自我奋斗的，既可创造辉煌的工作业绩，又能谱就自己人生的美妙乐章。有位老教师，原是教物理的，快退休时，学校重视学生的基本功素质教育，便安排他教书法。让这位教师放弃自己教了一生的学科，而去教一门新学科，虽然自己爱好，又有一定根基，终究感到突然。但他接了这门课后便拼命干起来，他觉得这是自己从事教育事业的一部分，要圆满地画好这个句号。他边学边干，天天练字，虚心请教，对学生更是严格要求，措施得力，把这门课教得有声有色。见到这位教师的情景，有人感到不解，甚至有意无意地泼冷水。这位老师却很轻松地说：人要退休了，以后想工作也没有机会了。想想退休后是多么闲得慌，能不抓紧时间做点事吗？再说我一生唯一的爱好就是书法，虽然我的专业是物理，这个爱好一直未能发挥。现在将要退休了却得到这个机会，我能不抓住吗？'果然，在这种工作热情和态度下，不仅学生写字能力达到了理想的程度，而且这老教师自身书法水平也有了大幅度的提高。在成绩面前，面对人们的赞美，这位老师有一种事业的成功感和幸福感。同时他暗喜：最大的收获还是养成了练书法的习惯，即使退休了，也老有所为，老有所乐。

人生是需要内容的，没有内容的人生是苍白、枯萎的、乏味的。人生的内容要靠我们勤奋工作去填充，我们总得有份事做才充实。人生的内容更在于我们勤勉而为，为崇高的理想、伟大的目标、神圣的事业去奋斗去拼搏。这样的内容是最为精彩、最为深刻、最富意义的。人要活出内容，活出了内容便活出了人生价值，便活出了生命的璀璨光芒。

（刘学柱）

在金钱面前我选择崇高

朋友，你喜欢钱吗？

是的，钱是个好东西，在当今社会没有钱是万万不行的。有钱才能、米、面、油、醋、葱、蒜、水、电，钱可以买华装丽服美味佳肴。难怪有人把"一分钱憋死英雄汉"挂在嘴边，难怪有人把"有钱能使鬼推磨"尊为人生信条。

于是有人为抢掠金钱杀人放火，有人为获取金钱铤而走险，有人为占有金钱饮恨终生，有人为贪敛金钱命归黄泉。中国石化销售公司哈尔滨分公司原经理崔洪昌收受款物，合计人民币63718元，被判处有期徒刑10年，剥夺政治权利1年；黑龙江省绥化地区明水县某乡农行营业所原主管会计李官升贪污贷款150万元，受到法律严惩；贵州省公安厅原厅长郭政民仅于1992年9月至1993年5月间，就接受外商贿赂计人民币17万元，被判处死刑，缓期两年执行；贵州省计委原副主任阎建宏因贪污巨款于1995年1月16日被依法处决……

朋友，我不想再一一列举这些孔方兄钱大嫂们的罪恶勾当和可耻下场，我只想提醒那些仍在伸向不义之财的黑手，记住陈老总的警告："手莫伸，伸手必被捉。党和人民在监督，万目睽睽难逃脱！"

某人结过三次婚有三个国家护照，账户内有数百万美元，仅1992年12月至1993年6月就索贿受贿一千多万元，成为全国闻名的特大受贿案主犯。案发后，他惶惶如惊弓之鸟，忙忙似漏网之鱼，足迹遍踏中国，后又跑到国外，最终还是被绳之以法。听听他"人之将死，其言也真"的最后坦白吧，他说："事到如今，我谁也不怪，要怪只怪自己！"世上什么都有，就是没有卖后悔药的。他妹妹探监时，他说："母亲老了，我的事别让她知道了。"妹妹痛哭流涕，问："哥哥，你有那么多钱吗？为什么我做生意赔了本，向你借两万，你却分文不给？"

同案另一个人被捕时，当场搜出三十多万元现金，四张国际通用信用金卡，两本洪都拉斯护照。她只有一个弟弟，和她感情最深，她从不给他一分钱。她说："人不能只会花钱，而应学会赚钱。这个社会，男人有钱就学坏，女人学坏就有钱。"她怕弟弟学坏，却不知自己作为女人为什么这么有钱！

令人惊讶的是，这个罕见的大案竟栽在一封没有署名没有时间没有落款只有27个字的检举信。该案件再次告诉我们："若要人不知，除非己莫为。""君子爱财，取之有道。"与人民为敌，终没有好下场。

巴尔扎克笔下的高老头，花一个子儿就像割他一块肉，留下了

"守财奴"的臭名；犹大为了30枚金币出卖了耶稣，爱钱爱得了一世骂名；清朝大贪官和坤的赃款赃物竟等于大清国20年的财政收入，也受到万世的唾骂。昧着良心去苦苦追求金钱，他们的生命其实一文不值。相反，为了人民为了国家抛头颅洒热血，鞠躬尽瘁死而后已的人必将流芳百世。我们不会忘记，烈士方志敏一生清贫，对党和人民赤胆忠心；我们不会忘记，人民的好公仆孔繁森，从不高的工资中拿出一部分抚养两个孤儿；我们不会忘记好支书王迁江把价值600万元的工厂无偿献给村集体，他说："人活着没钱不行，光为钱更不行"

英模的话讲得多好，英模的话字字千金。他们告诉我们一个真理：人生的意义在于奉献，而不在于索取！

钱可以买到房屋，却买不到温暖的家；钱可以买到良药，却买不到健康的身体；钱可以买到暂时虚名，却买不到传世的英名；钱可以买到权势，却永远买不到人民心中的崇敬。

朋友，如果有人问我：你喜欢金钱吗？我会自豪地回答：我喜欢金钱，但我更喜欢崇高！

（王立场）

心灵的高贵

人总是倾慕高贵，而鄙弃低贱。正因为人类有此天性，所以人类在整体上总是不断地进步，升华。当年，莎士比亚曾以饱含激情的诗笔，为人类谱写了最美的颂歌："人类是件多么了不起的杰作！多么高尚的理性！多么伟大的力量！多么优美的仪表！多么文雅的举动！在行动上多么像一个天使！在智慧上多么像一个天神！宇宙的精华！万物的灵长！"人类确是一件了不起的杰作，除了衣食住行之外，其广阔的精神世界实在是大地不足方其广博，海洋不足方其深邃，万物不足方其丰富的，以这样的精神世界来观照、开拓外部世界，确是处处生辉，著手成春，所以人类才有如此辉煌的今天和更加辉煌的明天。

人类的高贵最根本的表现在什么地方呢？应该说是心灵的高贵！人世间从总体上看充满着美好，从个体上看又是充满着若干矛盾和错位。一个占有现世的荣华，其心灵未必高贵；一个被生活困扰，遭打击，过着惨淡生活的人，其心灵也可能是高贵的。他们的外部身份和遭遇可以一变再变，但心灵的高贵却不曾改变，这正像不管有的人如何追赶潮流或身居高位却总也掩盖不住心灵的卑贱一样。

我们的社会应该培养千千万万个心灵高贵的人，提高全民族的道德文化素质。而要达此目的，除了精神文明建设的教化之功，还要健全这样的机制：让心灵高贵的人同时享有获得社会充分尊重的现实的位置，拥有获得社会尊严的物质待遇，而极少部分心灵低贱的人让其处于低贱的位置，在全社会形成人心向上、追求高贵心灵的良好氛围。

（陆言文）

"跟哥哥在一起，到哪儿都是家"

　　1984年9月27日，在山东省宁阳县卫生局工作的崔秀兰下乡检查归来，发现许多人围在路边，走近一看，地上有一个蓝布包着的婴儿。崔秀兰问众人是谁家的孩子，有人说：是个女孩，肯定是让爹妈扔了。看着头发还没干、脐带还没掉的孩子，她知道这孩子刚出生不久就被重男轻女又心肠狠毒的父母给抛弃了。崔秀兰抱起这个可怜的孩子，看着她连哭的力气都没有，她一下子想起了自己悲惨的童年。

　　崔秀兰的老家在黑龙江，他们全家是从山东逃荒到黑龙江的。可黑龙江也不是天堂，生活也非常艰辛。除了家境贫寒外，更主要的原因是因为她是个女孩，父母认为女孩子没有用，卖出去既得了一笔钱又少了一张吃饭的嘴。

　　崔秀兰13岁那年，在一个表姐的帮助下，逃出了家乡，被解放军收留了。她成为一名小女兵，从此开始了她的军人生活。稍大一点，她就在部队当上了卫生员。后来又参加了抗美援朝，在血与火的战场上成为一名坚强的革命军人和合格的共产党员。转业后，一直从事医疗卫生工作。

抱着这女婴，崔秀兰哭了，她不忍心把这个女婴再放到路边，可自己已经五十多岁了，抱回去怎么抚养她呢？她抱着孩子站在路边足足有半个小时，最后，心中的母爱和自己的悲惨身世使她做出了决定：把这个女婴抱回家再想办法。

崔秀兰把这个可怜的弃婴抱回家，她想找个好人家把孩子送出去，可是没有人愿意收这个孩子。崔秀兰自己有二子一女，大儿子和女儿都在外地工作，只有小儿子傅海林在县医院当医生。母子俩工作都忙，家中突然多出一个吃奶的孩子，这下子一切都乱了，两个人忙得焦头烂额，还是一切都不成章法。一个月过去了，还是没有人领养这个孩子。崔秀兰发愁了：自己都五十多岁了，哪有能力抚养这个孩子？当时宁阳县没有孤儿院，要是不抚养，也不能再把这个孩子扔掉呀！崔秀兰愁得吃不下饭睡不好觉。傅海林看出了母亲的难处，也可怜这个孩子，他想了许久，终于作出了一个决定：帮助妈妈抚养这个孩子。他告诉妈妈："把这个孩子留下吧，我们俩一起抚养她，你要是老了，我就抚养她，有我一口饭就有她一口饭！"就这样，母子俩把这个女孩正式当成了家庭中的一员，并且商定：孩子跟崔秀兰母女相称，跟傅海林兄妹相称。他们想尽办法给孩子落下户口，崔秀兰让这个女孩随自己的姓，并起名为崔亚非。

不幸的弃婴幸运地遇到了好心的母子，从此开始了她的人生之路。

家里多了一个孩子，想不到的麻烦都来了。崔秀兰和傅海林白天都得工作，照顾亚非就成了最大的难题，当时还没有保姆，他们家的收入也实在雇不起。没办法，海林想了一个办法，让亚非昼夜颠倒：白天睡觉夜晚玩。一周后，孩子的习惯改过来了。每天白天，小亚非都在睡觉，中午崔秀兰和傅海林回家后一个人给小亚非热奶喂奶，一个人给小亚非换洗尿布。小亚非吃够了玩够了，又睡一下午，小亚非白天睡足了觉，一夜就几乎不睡了。崔秀兰和傅海林只好轮班睡觉来带小亚非，母子俩上半夜下半夜地值班，两人忙得难得睡一个安稳觉。

那一年，傅海林都24岁了，家里不可能再有用做尿布的东西了。无奈，把床单、毛巾、衣服都撕了做尿布了。海林还没结婚，对于照顾孩子是一窍不通，要是妈妈出差，海林就更手忙脚乱。一次，海林喂小亚非奶，奶嘴没有戴牢，奶瓶子掉到地上摔碎了，他急忙忙又重新冲奶粉，等喂完孩子，已经到了上班时间。

亚非长到六七个月时，已经非常非常可爱了，崔秀兰和傅海林看着可爱的小亚非，都高兴得合不上嘴。他们没有白费力气，可麻烦也随之而来了，小亚非会坐会爬了。怕她掉地下摔着，只好用枕头、被褥把小亚非挤在床上，到了8个月，实在害怕小亚非掉地下摔坏了，就把小亚非送进了单位的托婴室。这样，海林每天都要接送小亚非。从把小亚非抱回家，一年来海林除了上班都是在家中度过的，他没有时间看电影，没有时间看朋友，没有时间逛公园……他和母亲把全部的时间和精力都用到小亚非身上了。小亚非一天天长大了，海林成了合格的家庭"妇男"，家中的一切他都会做了。

崔秀兰和傅海林两个人的收入都不多，又有一个孩子，生活得很艰苦。由于单位的托婴室不愿收留小亚非，有一段时间他们就想尽办法雇了一个保姆照顾。后来，小亚非也大了一点，就只好把她锁在家里。小亚非很淘气，她自己在家里，惹下了不少祸。小亚非两岁时的那年冬天，家里有土暖气，小亚非竟出于好奇把暖气的阀门给打开了，放了一地水，等中午崔秀兰和傅海林回家一看，家里被水泡了，而小亚非竟在水中高兴得手舞足蹈，崔秀兰母子俩用了一天的时间才算把这个家从水灾中解救出来。海林告诉我，还有一次更可怕：那也是小亚非两岁那年，一天中午，家里来了位远方客人，崔秀兰和傅海林都忙着接待客人，就把小亚非给忽略了，等想起来时，小亚非已经不见了。母子俩到处找，找了一下午，又找了一夜，最后，公安局把小亚非送回了家。原来，小亚非趁家中有客，自己走出家门玩去了，可出去后就找不到家了。到了晚上，被一个热心人发现送到了公安局。找到了小亚非，母子俩竟高兴得哭了起来。

崔秀兰的女儿在北京，小亚非4岁时，她们母女去北京做客，崔秀兰女儿的一个朋友家中没有孩子，看到小亚非天真可爱，就想收养小亚非，并想给崔秀兰4000元钱，可崔秀兰拒绝了，她舍不得朝夕相处了4年的小女儿，她说她和海林不会把小亚非给任何人的。

转眼傅海林到了恋爱结婚的年龄。他也处过对象，可都因为小亚非而没有喜结良缘。傅海林工作干得不错，品德相貌也是一流的，按理说他应该成为姑娘们倾慕的理想的男人。傅海林也谈过几个对象，女方也都对他很好，可一谈到小亚非，女方就提出条件：不能和亚非在一起生活。可傅海林答应过母亲：将来母亲老了，自己担起抚养小亚非的担子！再说，海林和小亚非朝夕相处，真的有了兄妹之情，他也不忍心为了自己的婚姻而扔下小妹不管。就因为小亚非，傅海林的婚姻大事一直没有解决，他走进了大龄青年的行列。可傅海林认为这样做是值得的。因为傅海林和崔秀兰对小亚非太好了，小城里一些无事生非的人就造起谣来，说小亚非肯定是傅海林的私生女，否则他们母子抚养这个孩子为了什么呢？崔秀兰听到这些谣言，气病了，可傅海林安慰母亲："我们没做亏心事，还怕他们说不成？我们把亚非抚养成人，这是我们俩应该做的……"

　　亚非5岁就上学了，她的学习成绩非常出色，这是让崔秀兰和傅海林最高兴的。小亚非也觉得自己给妈妈和哥哥争了光。小亚非并不知道她是个弃婴，可上学后有一次开家长会，因为亚非的学习成绩好，崔秀兰也成为焦点人物。事后，亚非的同学问她："你妈妈怎么那么老？比我奶奶都老！"亚非回到家，就直接问了这个问题。崔秀兰和傅海林也认为亚非早晚会知道真相，还是应该如实告诉她。结果亚非哭得跟泪人似的。她长大了，知道妈妈和哥哥这么多年抚养她的不易。崔秀兰告诉亚非："妈妈没有怀你10个月，可妈妈从小把你带大，比亲女儿还亲！"是的，崔秀兰抱回小亚非时，她自己已经有了两岁的外孙女，为了带大亚非，她竟没有带外孙女一天，外孙女现在还说："姥姥对小姨比对我好！舅舅对小姨也比对我好！"

亚非知道自己的身世后，比过去更懂事了，她说她要好好学习，将来有出息好报答妈妈和哥哥的养育之恩。小小的年纪，她就知道帮助妈妈做家务。亚非的学习非常用功，成绩也非常好。11岁，亚非就升入了当地的实验中学，还代表学校参加过奥林匹克竞赛，并得了优胜奖。

傅海林的婚姻成了老大难，他不肯放弃抚养亚非，使得姑娘们对他望而却步。傅海林在宁阳没有遇到知己，却在沈阳意外地遇到了知音。他来沈阳看望姥姥，亲友们听说他还没有成家，就都想在沈阳给他介绍对象，傅海林对此没抱什么希望，也就随口答应了。在亲友的介绍下，他和女方见面了，女方是松陵医院的医生，没想到女方非常通情达理，竟能理解他的所作所为。他们恋爱了，他们结婚了，他们又有了一个可爱的女儿思思。结婚后，傅海林和妻子赵春静两地分居，很久也没有调到一起，他在宁阳工作，妻子在沈阳工作。傅海林仍在照顾着亚非。1994年，傅海林的女儿思思两岁多了，他才调到沈阳市皇姑区中心医院工作，与妻子女儿团圆。

傅海林到沈阳后，仍是放心不下母亲和亚非，他每年都要利用假期和出差的机会回宁阳多次。亚非也相信哥哥，她几乎每周都给哥哥写信，汇报自己的学习情况，并把妈妈的病情介绍给哥哥。

1996年春天，本来身体就不好的崔秀兰又被车撞了，养好伤后又出现了精神抑郁、失常的症状。傅海林和哥哥、姐姐都回到宁阳，哥哥把患病的母亲接走了，剩下了亚非怎么办？傅海林发愁了，他知道，自己是应该把亚非接到沈阳来。可他来沈阳后，单位一直没分房子，他和岳父岳母、妻兄一家、自己的妻子女儿，三家人挤在一个小双室的房子里，岳父又因病成为植物人多年，每天都需要儿女们轮班照顾。一个小双室的住房住11口人，要是把亚非接来住在哪儿呀！傅海林和妻子的单位效益都不好，收入勉强够生活，没有能力租房子住。这时，许多亲友劝傅海林：把亚非送孤儿院吧，养她12年，也说得过去了！傅海林生气了："你们谁把妹妹送孤儿院去了？"傅海林这时想到了12年来的一幕幕：喂亚非奶、哄她睡觉、教她说话……他下决心了：带亚非回沈阳！再苦再累也要坚持下来。

回到沈阳，真可以说是困难重重，他们家再也没有地方放下一张床，连站人的地方都没有了。傅海林的妻子和家人都非常通情达理，他们收留了亚非。傅海林和妻子的收入加在一起才600元，他们自己的女儿已经4岁了，又来了一个妹妹，他们的生活负担太重了，生活条件也太艰苦了，他们全家只能过着非常贫穷的日子，但谁都没有怨言。

亚非的户口不在沈阳，上学是个大问题，按规定得交一大笔钱，可傅海林没有这个经济能力。在有关部门的帮助下，亚非走进了泰山中学的大门。那是一所好学校，许多沈阳的学生进去都得花钱，可亚非一分钱没花就上了学，傅海林说他感谢那些帮助亚非的好人们，还有许多人给亚非捐钱，说起来傅海林一个男子汉竟两眼湿润。

在那样艰苦的环境中学习，亚非的成绩竟是一流的，她就想给哥哥争口气，为了争这口气，她付出同学们不可能付出的辛苦。傅海林也是一个好哥哥，冬天，亚非给班级打开水，不小心把脚烫伤了，伤得非常严重，可亚非怕耽误学习不休息，每天就由傅海林送她上学。从家到学校，要骑半小时的车，还是冰天雪地，可傅海林没有耽误过一天。

亚非认定了跟着哥哥就是幸福。1996年夏天一位浙江人来到沈阳找到傅海林，要收养亚非，那个人还带来了当地政府的证明信，那个人家境非常好，原来有一个孩子出车祸死了，他有一家很大的公司，要是亚非去了，肯定有好日子过。傅海林这次动心了，他想应该让亚非过上好日子。那个人在大酒店请傅海林和亚非吃饭，亚非告诉那个人："我谢谢这位大伯的好意，可我不能跟你走！我最高兴的事就是每天能跟哥哥在一起，只要跟哥哥在一起，到哪都是家！再苦，我也不想离开哥哥……"那个人听到亚非的话，激动地对傅海林说："你有一个好妹妹，真是天大的福气……"

一种超越血缘的爱，闪现出人性中最善最美的光辉。有这么多好人关心她，有傅海林这位好哥哥在身边，我们相信崔亚非一定会生活得更好，走出自己灿烂的人生之路……

（王书春）

保持诚实的品质

美国学者安德森（N.Anderson，1968—）研究了影响人际关系的人格品质。排在最前面、受喜爱程度最高的六种人格品质是：真诚、诚实、理解、忠诚、真实、可信。它们或多或少、或直接或间接同真诚有关。排在系列最后、受喜爱程度最低的几种品质如说谎、假装、不老实等也都与真诚有关。安德森认为，真诚受人欢迎，不真诚则令人厌恶。

在人类众多的品质中，人们最看重的就是一个"诚"字。这个"诚"字的意义很广泛，在我看来，主要包括"四诚"——真诚、诚实、诚信、忠诚。在这个复杂的社会，你越是诚实可信，人们越会认为你难得，越值得交往和相处。

美国加州的克帕尔饮料开发有限公司招聘员工，有一个叫马布里的年轻人到这个公司去面试，在一间空旷的会议室里忐忑不安地等待着。

不一会儿，有一个相貌平平、衣着朴素的老人走了进来。马布里礼貌地站了起来。这位老人眼睛一眨也不眨地盯着马布里看了半天，正在马布里不知所措的时候，这位老人一把抓住马布里的手：
"我可找到你了，太感谢你了！上次要不是你，我女儿可能早就没命
了。"

马布里没有弄清是怎么回事，丈二和尚摸不着头脑。

"上次，在中央公园里，就是你，就是你把我失足落水的女儿
从湖里救上来的！"老人肯定地说。

马布里这才明白了事情的原委，原来老人把马布里错当成他女
儿的救命恩人了："先生，您肯定认错人了！不是我救了您女儿！"

"是你，就是你，不会错的！我记得那个年轻人脸上有一颗
痣。"老人又一次肯定地回答。

马布里面对这位感激不已的老人只能作些解释："先生，我脸上
这个位置确实有一颗痣，但真的不是我！您说的那个公园我至今还
没有去过呢！"

听了这句话，老人松开了手，失望地望着马布里："难道我认错
人了？"

马布里安慰他："先生，别着急，慢慢找，一定可以找到救您女
儿的恩人的！"后来，马布里加入了这家公司。

有一天，他又遇见了那位老人。马布里关切地与他打招呼，并
询问他："您女儿的恩人找到了吗？"

"没有，我一直没找到他！"老人默默地走开了。

马布里心里很沉重，对旁边的司机师傅说起了这件事。

不料那司机听了哈哈大笑："他可怜吗？他是我们公司的总裁，他女儿落水的故事讲了好多遍了。事实上，他根本没有女儿！"

"噢？"马布里大惑不解。

那名司机接着说："我们总裁就是通过这件事来选人才的。他说过有德之人才是可塑之才。"

马布里被录用后，兢兢业业，不久就脱颖而出，成为公司市场开发部经理，一年为公司赢得了3500万美元的利润。

总裁退休后，马布里继承了总裁的位置，成为美国的财富巨人，变得家喻户晓。后来，他谈到自己的成功经验时说："一个人一辈子做诚实有德之人，绝对会赢得别人永久的信任！"

现在很多企业在用人上都注意一个人是否"诚"。他们可以接受一个人的某些不足与缺陷，但绝不容忍一个员工的自作聪明和不诚实。在品质与技能的天平上，品质重于技能。因为一个人自身技能不好或学有不足，可以通过培训学习来达到要求；而一个人不诚实，往往会瞒上欺下、弄虚作假，影响工作和单位的声誉。在职场上，那些"厚道但能力不强"的人总比"有能力但不够厚道"的人更容易被人委以重任。

有一个年轻人，到一家商场应聘经理助理。面试时，主考官提出了一些难度较大的问题。那个年轻人本来不太懂，但他装做很懂的样子，东拉西扯地敷衍。结果，主考官很容易就看出破绽，认为他不诚实，第一个就遭淘汰出局。

　　小吉和朋友小冯前往一家公司应聘。那家公司待遇优厚，参与应聘的人不少。面试结束后，主考官说还需要复试一次，让他们5天后再到公司复试。5天后，他们早早地去了公司。公司总经理亲自为他们安排了当天的工作：给他们每人一大捆宣传单，让他们到指定的街道各自发放。

　　小吉抱着传单，来到了划定的地盘，见人就发一张。有的人接过去了，有的人连理都不理，有的接过去就随手扔在地上，他只好捡起来重发。忙碌了一整天，可手上的传单还剩厚厚的一叠。

　　下班时间到了，小吉拖着一身疲惫回公司交差。走进公司办公室，他看见其他人都已经回来了。小冯一看到他就说："你怎么还留那么多传单在手中？"小吉一看大家手上都是空的，心头慌了。

　　总经理问小吉发了多少。他顿时涨红了脸，把剩下的传单拿出来，难为情地说："我做得不好，请原谅！"在回住处的路上，小冯一个劲儿地说他，骂他傻，并告诉小吉自己的传单也没发完，剩下的全都扔进了垃圾桶，其他人想必也是如此。小吉这才恍然大悟，恨自己愚钝不开窍，心想这份工作自己肯定没指望了。

　　结果却大大出乎意料。在那次招聘中，小吉成了唯一被录用的人，这个结果让人感到很纳闷儿。

　　半年后，小吉因为业绩突出，升任部门经理。在庆祝晚宴上，他询问总经理为何当初选择了他。老总说："一个人一天能发放多少传单，我们早就测试过。那天我给你们的传单，用一天时间肯定发不完。其他人都发完了,唯独你没有。答案就这么简单。"

真正聪明的人都是诚实的人,而那些虚伪的人只能从一些"小聪明"中获得短暂的利益,最终会被自己的小聪明毁掉。你要明白,他人对你的信任,首先来自你对他人的诚实。

如果你不以欺骗的手段让别人来爱你,那么他们就会给你诚实而安全的情感。越是想靠欺骗的手段全面掌控局势,就越不能得到自己渴望的东西。

只有当他人认为你是个可靠的人,他才可能靠近你!所以,要让他人肯定你、接纳你,你需要保持自己的"四诚"形象。诚实会升华你的人品,让更多的人支持你,让你去取得更大的成功!

(水淼)

赢得人格尊严的途径

　　人的动物性使人有了欲求，而人的社会性又赋予人以人格的追求，正是这种对立统一的辩证法，才塑造出一个个活生生的人来。在所有的人格追求中，尊严无疑是重要的内容。靠了它，人才活得精神，活得高尚，活得珍贵。那么，一个普通的人，该怎样去赢得人格尊严呢？该怎样才能使凡人景仰仇人折服呢？

　　第一，靠了忠诚之心去获得尊严。所谓忠诚者，大者是对国家民族而言，小者是对家庭朋友而言。但凡遇到国家、民族、事业、职责等利益受到威胁时，能做到挺身而出、挽狂澜于既倒者，便展示了人格中最动人的风采，在捍卫尊严中赢得尊严，甚至赢得敌人的尊敬。鸦片战争中，面对英国侵略者的坚船利炮，作为弱者的中国人民并未像清政府那样妥协退让，尤其是禁烟英雄林则徐，更是以坚强意志竭力抗英，为国为民奉献了赤胆忠心。唯其如此，林则徐才赢得了可贵的尊严，让英国人也肃然起敬，将他的蜡像陈列起来供人瞻仰。五十年代号称埃及雄狮的纳赛尔，不顾帝国主义的恐吓，毅然发动了苏伊士运河战争，重创侵略军，从而维护了国家的独立和领土完整，以致他的老对手、以色列本古里安总统也赞扬他：
"我对纳赛尔十分尊敬，因为他是一个爱国者。"应该说，这种将对
于祖国和民族的情感，融入每一滴血液里的忠诚，正是赢得敌手佩
服的崇高尊严的源泉。一个人，无论处于怎样的地位和劣势，只要
忠诚于民族和人民的心不变，他就能获得这种感天动地的无上尊严。

第二，靠了凛然之气去赢得尊严。人常说"心底无私天地宽"，
这种无私天地也包含了大无畏、大气磅礴的凛然之气。靠了它，一
个人无论处于怎样的逆境弱势，也能挺直脊梁横于邪恶面前，并以
此凛凛浩气震慑敌手，从而维护自身的尊严。抗战中被俘到日本去
的中国苦力不堪重压，举行了闻名的"花岗暴动"。失败后，组织者
之一耿谆面对日寇的严刑逼供，一面痛斥敌人的残酷暴行，一面坦
然承担起杀死日本宪兵的责任，大声道："我杀的人，我偿命，我愿
剖腹而死！"如此浩然之语凛然之气，令审讯者也佩服不已，连呼
"伟人伟人"。为护卫自身人格尊严，我们有必要以凛然大气铿铿然
言辞直至赫赫然声威去震慑、制服对方。须知，魔高一尺道高一丈，
在捍卫人格尊严的问题上，同邪恶是毫无调和余地的。

第三，靠了卓然之识去获得尊严。竞争时代、商品社会，谁也
不会钦佩一个白痴。因此，以自己卓越识见和卓尔风姿，可以在盛
气凌人者面前矜然而语、傲然而立，用特立独行的风度去赢得自身
尊严。三国时代，有个叫宗世朴的儒士对曹操两面三刀的人品颇为
鄙视；即使曹操职升司空，他依然瞧不起他，不理睬他。奇怪的是，

宗世朴愈是傲劲十足，曹操愈是佩服他，服膺于他的卓然学识和卓尔不群风范。他亲自领儿子们登门求师，让他们毕恭毕敬地静伏于宗的床前，使宗深受感动而收下这些弟子，这样的情形，同五四时期奇人学者辜鸿铭颇为近似。辜氏学贯中西，却一门心思护维国学。他见了英国人以英语斥责其坏；见了法国人以法语痛诉其恶。他愈是这样守护心底的尊严，洋人也愈敬重他，愈买他的账；甚至说："到北京可以不看三大殿，却不可以不看辜鸿铭。"连辜氏著作也为洋人们所趋之若鹜，甚至闹得洛阳纸贵。可见，卓然之识再加上卓尔不群的风姿，不但能有效地护卫弱者自身的尊严，也能引起世人的注目与敬重。应当说，当今之世、竞争之境，更需要我们以如此态度获得对手的尊敬。

第四，靠了自重之志去获得尊严。人常说，人要自尊，方才能赢得他人尊敬。自我看重便是自尊内容之一，尤其是面对物质需求，是依赖他人，还是自力更生？正是有无自重与志气之分野。记得作家陆星儿写过一个89岁的平民苏金风，她住在4平米的陋室里，靠每月18元钱生活。作家问："你两个儿子为何不照顾你？"她竟无怨地回答："两个娃都是婆婆带大的；我20岁出头就来了上海帮人，没抚养他们，自然不能依靠他们，也不想依靠。"我们并不提倡后代不赡养老人，不过，苏金凤老人自食其力的志气，确让人感受到一种咄咄逼人的尊严。原来，必要的拒绝，也是实现人格尊严的一个途径，而这件事正有"嗟来之食"同样的启迪。剧作家沙叶新也写过一篇《尊严》，记叙一个叫曲小雪的少女，在美国留学时为美国人爱德华当保姆，不幸却遭到主人的诬陷和殴打。经过千难万磨的努力，她终于打赢了这场官司，不仅迫使爱德华当场道歉，而且获得了一张五千多美元的支票。为捍卫尊严，曲小雪当庭将那支票撕毁，以拒绝来证实自己打官司4年的目的只是为着讨还尊严。曲小雪的行为，不仅赢得华人的崇敬，也使美国法官大受感染。拒绝那种有损人格的东西，也就为自己捡回了自尊自重的人格，那才是我们应取的态度。

总而言之，人格尊严决不是一个抽象的概念，而是一种实实在在的做人处世行为。唯其是具体的和现实的，所以，只要我们严格要求自己，注意从上述几方面努力完善自己，那么，寻回自己的尊严和赢得别人的尊重就决非是一个神话，而是一种活生生的社会实践。

（瞿泽仁）

人格，在大有大无中升华

时下的人，对"有"这个字，可以说是颇为在意的。单位上开会点名，我们以"有"的回答理直气壮地声称着自身的存在；朋友间寒暄叙旧，我们以房子车子孩子的三"有"为评判成功与否的标志；至于一个政界或商界人物，更会以电台上有声、电视上有影、报刊上有名作为等级的象征。一切的"有"，仿佛昭示着世人一种人生态度：人一旦来到世间，就该奔着这名利之"有"而去。应该说，对于物质之"有"也是无可厚非的。人毕竟也是物质的人，人生到底须臾离不开三餐一宿。不过，人更是有意识的人，从他赤条条来到世间这一点来看，所有物质上的"有"，亦不过是身外之物而已。有句格言说得好，"广厦万间，所睡不过一床；黄金千两，所食不过一饭"。这一床一饭，不过是"小有"罢了；作为意识形态的人，他应该也可以超越这种"小有"的追求而向着"大有"升华。比起那一套别墅一辆汽车一桌珍馐一席权位的占有拥有食有据有而言，"大有"不知崇高了多少倍。

那么，什么是"大有"呢？老子早就说过，"有无相生，难易相成"；欧阳修也说，"有无相通，盖为常理"，意思就是万事万物莫不是相辅相成、相互转化的。这里说的当然是观察事物的哲理，其实，我们每个人人格的塑造不也是如此吗？一个人活着，既要有所追求，这便是"有"，同时也得有所舍弃，这便是"无"。如果我们追求的远远超过了自身必需的欲，将大众的饱暖国家的安危时时装在心上，以"安得广厦千万间，大庇天下寒士俱欢颜"为自身的欲，就赢得了"大有"——人格之"大有"。反过来，如果我们放弃了人生本来可以得到的一些欲，以"先天下之忧而忧，后天下之乐而乐"为人生坐标，也就达到了"大无"的境界——人格之"大无"的境界。那才是潇洒的人生呢！

如此的大有大无的人格，说起来似乎有些虚缈玄妙，还有些高不可攀或可望不可即，然而，古往今来偏偏有那么一些人，追求着这种大有大无，而且以自身的言行完成了这种小我之超越，显示出夺目的人格魅力来。他们或者曾经拥有又失去了；或者生前一无所有死后却拥有殊荣；或者生前死后均一无所有却为大众疾呼。于是，他们的人格便从一己的有无而走向人民的大有大无；他们的生命也由个体的短暂而走向大众的无限。就拿为纪念她而设立护士节的南丁格尔来说吧，她以一富家闺秀而投身当时最低层人干的护理工作中去，该是怎样的从有到无？她把所有的青春年华、关爱与呵护倾注给了战地伤病员，自己终身未嫁，又该是怎样的一无所有？然而，正是这些个忘我之"无"，汇集成了护士学之"大有"，锻铸成了

"提灯女神"那光彩之"大有"，至今依然温暖着天下病残者。就拿诺贝尔奖获得者居里夫人来说吧，如果依照功绩，她完全可以理所当然地赢得名利之"大有"，可她偏偏选择了"大无"，把那一克万全的镭，包括镭的制方镭的学问镭的品格全都奉献给了人类，留给子女的只剩下一个"无"。然而，正是这些个忘我之"无"，熔铸出了放射学之"大有"，提炼成了一个人格之"大有"，至今依然闪烁着迷人的光辉。

曾记得，爱因斯坦这样赞扬居里夫人的人格伟力"哪怕只有一小部分存在于欧洲知识分子中间，欧洲就会面临一个比较光明的未来。"其实，爱因斯坦本人又何尝不是如此的大有大无？这位被誉为本世纪最伟大的科学家的人，不仅生前贡献了为许多人看来不可思议的相对论这个"大有"，而且在临终遗嘱中也决心毫无保留地实践一个"大无"——他要求把骨灰撒向不为人知的所在，不发讣告，不举行公开葬礼，不建坟墓，不立纪念碑；火化时还免除了所有公共集会与宗教仪式，在场者只有12位亲属友好。难怪乎我们只听到了他的遗嘱执行人念出的悼词"那专属他个人的东西，早已传送给了广大人群……"这是怎样彻底的唯物主义，这是怎样忘我的大有大无之人格！

仰望浩浩长空渺渺大海，我们禁不住为那大有大无的人格一再惊叹。一纸"辛德勒的名单"，一部"拉贝日记"，为什么，为什么能让人时时感动、景仰？不就因了那里记录下了大有大无的人格诗篇？辛德勒、拉贝们"依仗"自己的身份，高扬起人道主义的旗帜，救助起"敌国"的难民，这该需要怎样一种大智大勇之"有"？又该需要怎样一种舍生忘死之"无"？大凡心里有着别人而无自己的人，其人格终究会被感动成一个"大有"。辛德勒战后一无所有，靠慈善救济过活。但是，在犹太人那里他却被尊为"正义的异教徒"，死后遗体也被安葬在耶路撒冷，让千千万万人凭吊、缅怀那轰轰烈烈的人格之"有"。拉贝救助过南京大屠杀中的中国人之后，处境十分艰难，死去多年后连一块墓碑也不保。然而他的正义他的精神却让亿万中国人景仰，我们运回了拉贝的墓碑，让他同他救助过的人们永远在一起；也让人时时凭吊、缅怀那轰轰烈烈的人格之"有"。在无我与忘我中完成的"大有"就有如此神力，能超越国界，能跨越时空！

先哲老子说过，"大音稀声，大象无形"。一个真正置有与无于度外的人，他的人格就是在这样的"稀声"与"无形"中完成的，因此才称得上大有大无。周恩来总理就是这样的人。论职位权力，身处一人之下万人之上，该是"大有"了；论负重和责任，他苦撑危局十年整，该是"大有"了。然而，他却毅然以不留后不留骨灰不留遗言不留遗产之"无"，完成了一个大有大无人格的塑造。有无观如此彻底，古今能有几人？

虽然，对于我们凡人而言，那种大有大无的人格是难以企及的；但是我们全然用不着自轻自贱。没有大起大落大悲大喜大惊大乍的人生波澜，同样能在寻寻常常平平淡淡中完成人格的增值，甚至实现大有大无的人格升华。事实上，雷锋就是以把有限的生命投入到无限的服务人民之中而完成大有大无的；焦裕禄就是以心中装有全体人民唯独没有自己的行动完成大有大无的；还有孔繁森、邱娥国、李素丽等等，无一不是在寻常中找到大有大无的"大音"与"大象"的。

"赤膊条条任去留，丈夫于世何所求"，此乃抗战中剖腹言志的志士续范亭的誓言。应该说，他是看透了名与利、生与死的最本质意义的。人之所好常常就是人性的弱点，看透了那些所欲和所好之类，我们就能够比较坦然而轻松地超越小有小无的困惑了；也就向着大有大无的境界靠近了一步。别小看那一步，只有跨出那一步，你才能恍悟——就像幼儿园和孤老院造在了同一个地方，让你懂得孩子的伟力：那里有着世间一切之"有"；同时让你懂得老人的智慧：那里有着世间一切之"无"。如是，我们便能从容走过常人常情，到达大有大无的人格境界。

于是便想到了《国际歌》中那句经典歌词"不要说我们一无所有，我们要做天下的主人。"于是便想到了歌星崔健曾经轰动一时的成名曲《一无所有》。真正的一无所有，其实正是造就大有大无的条件。只要我们追求的精神远在油盐柴米之上，那一切的患得患失就都是渺小的了。古人说，无欲则刚，这是真性情之箴言。想想把有无观提升到哲理高度的那句话"心底无私天地宽。"少了自我与私

心，又岂止一个"天地宽"？更是"天地有"了。那是云水襟怀般的
"有"，又是海天意气般的"无"，其境界又岂一个有无了得呢？还是
苏东坡看得真切"人生到处知何似，应似飞鸿踏雪泥。"我们偶然来
到世界，我们懂得大有大无。唯其如此，我们才会像诗人所说的那
样飞向人格的高处，"泥上偶然留指爪，鸿飞哪复计东西？"

（瞿泽仁）

"满招损"和"谦受益"

"满招损，谦受益"是我国古代的著名经典《尚书》中的一句话。《尚书》的《大禹谟》中说："满招损、谦受益，时乃天道。"这句话的意思是说：自满会招致损害，谦虚会得到益处，这是自然和社会中事物发展变化的规律。《大禹谟》是舜帝与他的大臣讨论政事的记录，也是他们对于做人和处世的经验总结。

在中国古代的处世哲学中，这样的名言警句还很多，如"滋生骄逸之萌，必践危亡之地""人之不幸，莫过于自足""人之大病，只是一个傲字"等，都告诫人们，不论在任何时候，都不能产生骄傲自满的思想。孔子说："君子泰而不骄，小人骄而不泰"，把骄傲和自满看作是评价"君子"和"小人"的一个标准。

我国古代的儒家经典《易经》的六十四卦中，专门有"谦卦"，论述"谦"在做人处世各方面的要求。《易经》既是一部富有哲理的著作，也是古人从实际生活中所概括的做人处世的经验总结。"谦卦"中分析了人们容易骄傲自满的各种情况，强调要"鸣谦""劳谦"和"伪谦"等，使人们能够始终保持"谦虚"的品质。所谓

"鸣谦"就是说，在一个人有了名声之后，更应当谦虚；所谓"劳谦"就是一个人有了功劳，决不能居功自傲，而应当谦虚；"伪"，挥也，奋勇前进的意思，所谓"伪谦"，就是说在奋勇前进的时候，要特别注意谦虚。

毛泽东同志也说："虚心使人进步，骄傲使人落后。"在社会主义革命和建设的事业中，养成"谦逊"的品德，力戒"骄傲"和"自满"，对我们事业的发展，对正确处理人际关系，对更好地培育"有理想、有道德、有文化、有纪律"的四有新人，都有着十分重要的现实意义。

从事物发展的规律来看

"满招损、谦受益"，是事物发展的一个必然的规律。中国古代的著名经典《易经》谦卦中的《象》辞说："天道亏盈而益谦，地道变盈而流谦，鬼神害盈而福谦，人道恶盈而好谦"，就是从规律的方面来谈论"谦"和"盈"的。

按照中国古代的语义，"谦"就是"虚""盈"就是"满"，也就是人们所说的"自满"和"骄傲"。这就是说，不论从天、地、人、神等各个方面来看，它们都是厌恶满盈，而喜欢谦虚的。从天道看，月满则亏，当一个事物发展到"满"和"盈"的时候，总是要走向它的反面，所以说，"天道"总是损有余以补不足；从地道看，水满则溢，水总是从多余的地方流向不足的地方；这就是说，从事物的

"神秘不测"的变化来看，那些骄傲的人，总是要遭到祸害，而那些谦虚的人，总是会得到福祉；从人事的发展变化来看，那些骄傲的人，总是要遭到祸害，而那些谦虚的人，总是会得到福祉；从人事的发展变化来看，也总是讨厌自满而喜欢谦逊的。因此，"满招损、谦受益"是一种不以人们的意志为转移的必然，是事物发展变化的规律，是一种不可违反的"天道""地道"和"人道"。

中国古代思想家们所说的"得道多助，失道寡助""天道无亲，常与善人"，也都有这方面的意思。自然界和社会生活的客观规律，并不可能对哪一个人有什么特别好感，但它却总是向着那些有道德的人。老聃说："江海所以能为百谷王者，以其善下之，故能为百谷王。"这就是说，自然界的一个客观规律是，水总是要向下流的。江海之所以能容纳和积蓄百谷的水，就是因为它处于它们的最下面。"满招损、谦受益"，也就如同水总是要向低处流一样，也是一个必然的规律。古人所说的"上德若谷"，就是说，一个有高尚道德的人，必然是一个十分谦逊的人，是一个"虚怀若谷"的人。

从事业的成败、利害和得失来看

一般来说，人们平常所理解的"满招损、谦受益"，大多是从个人事业的成败和得失来认识的，是从"骄傲"要招致祸害、"谦虚"能带来利益来考虑的。

确实，一个人，不论做什么事情，如果能够谦虚，他就会小心谨慎、兢兢业业，就会谦逊恭敬、尊重他人。在和他人的合作共事中，就能够充分地肯定他人的成绩，勇敢地承认自己的不足和错误，正确地处理好各种人际关系。他不但不会为人们嫌弃和厌恶，而且必然会受到人们的爱戴和拥护。一个人的事业的成功，总是同谦虚紧紧联系在一起的。老聃说："不自见故明，不自是故彰，不自伐故有功，不自矜故长，夫唯不争，故天下莫能与之争"。这里的意思是说，不自我表现，反而能显示自己；不自以为是，反而能突出自己；不自我夸耀，反而能取得成功；不自满自负，才能有所长进。一个以"不争"为道德的人，天下也就没有什么人能同他争了。

相反，一个骄傲的人，他必然自认为高人一等而看不起别人，他往往是拿自己的优点同别人的缺点相比，盛气凌人，有过则归于别人、有功则归于自己。也正因为这样，他总是为人们所嫌弃和厌恶。现实生活也说明，凡是骄傲自满的人，在做人处世上，总是要碰钉子、犯错误并最终导致失败。老聃说"富贵而骄，自遗其咎"。"咎"，祸害的意思。一个人一旦骄傲自满，就必然要给自己带来祸害。

特别要指出的是，当一个人处在顺利的情况时，往往容易产生一种自满、自得和自傲的情绪，他容易盲目地相信自己的能力和本领，孤芳自赏、自以为是，认为别人都是无所作为的庸人，而只有自己才是最聪明的"英才"，夸大自己的作用而轻视各方面所给予自己的帮助。事实正好相反，在社会生活中，一个人的事业的成败，总是同各方面的支持和帮助分不开的。一个人越是骄傲自满和自以为是，也就越少有人会给他以帮助。因此，古人特别提出警告，要人们在这个时候，防止骄傲自满，力戒自以为是。

另外，"名声""荣誉"和"成绩"，既能给人们以鼓励，也有可能使人产生"骄傲"的情绪。一个人在有了某些成绩或功劳时，在人们的一片赞美声中，就不免飘飘然起来。正像陈毅同志在他的一首诗中所说的："九牛一毫莫自夸，骄傲自满必翻车。历览古今多少事，成由谦逊败由奢。"人们最容易在"名声"和"荣誉"之中陶醉，"颂歌盈耳神仙乐"，而最后导致事业的失败。

从道德修养的境界来看

谦虚是一种内心信念和道德品质，也是一种高尚的修养境界。中国古代思想家们所说的"虚心"，就是强调在内心中，有谦虚的诚意。如果只从个人的得失和利害方面来考虑，可能在一件事情上、一段时间内能够"谦虚"，但不能长期持久地保持下去。即使暂时在一件事情上、一段时间能表现出"谦虚"的样子，由于在内心里并没有养成"谦虚"的品德，仍然会在其他事情上显露出"骄傲"而导致事情的失败。

谦虚作为一种崇高品质，反映了一个人对自己的正确认识。中国古代的思想家们常说，一个人要有"自知之明"，并且以"人苦于不自知"为戒，人的生命是短暂的，人的认识能力也是极其有限的，而客观世界的知识则是无穷的，因此，人的认识是永无止境的，人应当永远都感到自己的不足。曾子说"有若无、实若虚"，这就是说，一个人只有修养到了这样一种崇高的道德境界，才能超脱一般人的局限，把已经得到的知识和取得的成绩，看作是微不足道的。老聃说"生而不有、为而不恃、功成而弗居"，这就是说，虽然生长了万物，但并不将其据为己有；虽然养育了万物，但是并不自恃己能；尽管在事业上取得了成就却并不居功自傲。所以老聃又说"大惟弗居，是以不去"，正因为他不居功自傲，所以他的功绩才不会泯灭。

有一些人虽然只有很少的知识，却常常十分自满，认为自己已经"满盈"。这样的人，也就不可能再有什么大的进步了。针对人们在认识上的骄傲自满问题，老聃曾说"知不知，上；不知知，病。夫惟病病，是以不病。圣人不病，以其病病，是以不病。"意思是说，知道而不自以为知道，这是有高尚修养的人才能做到的；不知道而自以为知道，这就是病；只有把这样一种病当作"病"而重视起来，才不会生这种"病"；一个有高尚道德修养的"圣人"，因为他能够把"不知"当作病，所以他就不会病。这里的意思很明显，因为"圣人"能够把认识上的骄傲自满当作重大的缺点，所以"圣人"就不会有这样的"病"。宋代的著名哲学家朱熹说"谦者，有而不居之意"，认为"谦虚"就是要培养一种"有而不居"的涵养和情操，并使其成为一种个人的品德。

　　我们所说的"谦虚"，是一种真正的"虚心"，是一种经过认真修养的高尚道德品质，决不是那种从个人得失考虑的表面上的"谦虚"，也正是这样的原因。

（罗国杰）

老人的智慧

　　那天，我来到一家餐厅吃饭。餐厅里还有两名食客：一个老人和一个年轻人。或许是因食客不多，餐厅的照明灯没有全部打开，显得有些昏暗。年轻人则手捧一碗面，坐在靠近门口的位置，与老人相邻。

　　我发现，年轻人总盯着老人桌上的手机。这时，老人起身去拿餐巾纸，年轻人见状快速地将手机装入口袋，并起身走向门口。

　　老人回身发现手机没了，先是一惊，然后环顾四周。看到正要离开的年轻人，老人似乎明白了，于是叫住了年轻人。看到这里，我开始替老人担心起来。

　　没想到，老人却说："小伙子，请等一下。"年轻人一愣："怎么了？""昨天是我70岁生日，女儿送我一部手机，我很喜欢它。刚才就把它放在桌子上，现在却不见了，肯定是被我碰到了地上。我眼神不好，能不能麻烦你帮我找一下？"年轻人有些尴尬地说："我，我来帮您找找看。"年轻人于是弯下腰，沿着老人的桌子转了一圈，然后把手机递过来："老人家，是不是这个？还真掉在了地上！"老人握住年轻人的手，说："谢谢你！真是不错的小伙子。"

小伙子走后，我问老人："您已经确定手机是他偷的，为什么不报警？"老人说："报警虽能找回手机，但同时，我也会失去比手机更宝贵的东西，那就是——宽容。"

（方敬杰）

别样志气

1　贫不移志

中国前首富刘永行小时候家里穷，被父亲送给一个布商抚养，结果摔坏了腿又被退回；全国知名的"养鸡大王"韩伟小时候家境贫寒，兄弟姐妹又多，排行老九的他15岁时就挑着粪土篮去淘粪；名人电脑公司总裁佘德发小时候白天上学，晚上摆地摊，高中没毕业就辍了学；波司登总裁高德康年轻时背着重重的货包挤公交，一身汗臭被人嫌弃。

总裁也跟大多数人一样，出身贫民，历经磨难。但不同的是，他们除了吃苦耐劳、乐观向上之外，始终相信既然不能改变出身，那么就改变自己的命运。

2　轻狂励志

杉杉集团董事长郑永刚从小就显得霸气十足，一直是孩子头。年仅28岁的他凭着一套发展计划，从一个司机一跃成为一厂之长，从此便一发不可收。慧聪国际董事长郭凡生年轻时出过5本专著，发表过200多万字的论文，32岁就被破格提拔为副研究员。瀛海威创始人张树新从小就非常要强，是同学眼中的"女强人"，结果正是这个"要尖儿"的人创立了中国最早的互联网公司。

谁说青春不能错，哪个少年不轻狂？每个人年轻的时候，都会有一些不知天高地厚的想法和做法，千万不要阻止或是嘲笑那些轻狂的举止，或许正因为年少轻狂，才缔造出那样多绚丽的奇迹；正因为充满自信，丑小鸭才会变成白天鹅。

3 晚成大志

47岁，是快知天命的年纪了，在一般人看来再过几年就该退休了，而对哈慈集团董事长郭立文来讲，他的事业才刚起步，13年后，他坐拥十几亿身家。

古代就有"老骥伏枥，志在千里；烈士暮年，壮心不已"的豪言壮语。所以，不要无谓感叹青春易逝、容颜易老，即使是夕阳，也能发挥出它的余热。

4 操守明志

实力媒体大中华区总裁李志恒的恋爱绝对令人咋舌：为了让一个不喜欢自己的女孩爱上自己，写了500封情书，走了148公里去见对方，前前后后花了11年的时间才修成正果。新丝路模特掌门人李小白，称得上是令全中国的男人最嫉妒的人，尽管他长期与成群美女共事，成天穿行于美丽动人的模特之间，却没有半点绯闻。他有一个幸福的家，有贤惠的太太和两个聪明的女儿。

在普通人眼里，总裁的恋爱与婚姻就应该繁花似锦、光怪陆离。可有时我们错了，李志恒与李小白告诉我们：总裁也同样要遵守社会道德。他们懂得对事业、对家庭负责，懂得好东西永远追不完，而幸福往往就在身边。

5　爱美之志

提起靳羽西，人们会想到节目主持人、畅销书作家、羽西化妆品、羽西娃娃等等，而她更愿把自己看做一个艺术家，尽管她年近花甲，却一身红装，梳娃娃头。蔡燕萍从小就对美的事物特别敏感，而如今她把"自然就是美"的概念带进了千家万户，缔造了庞大的美的商业帝国。

爱美是女人的天性，女总裁也不例外。所不同的是，她们不光是让自己美起来，还让更多人美起来。

（危笑天）

窥见你不肯示人的忧伤

常常在路上遇到许多与人有关的风景。

阳光很好的冬日，小区里坐在轮椅上的老人，会被他们各自的保姆推出来，晒温暖的阳光。他们中的大多数，都已经老得无法言语，或者近乎呆滞。时光在他们身上像是停住了，他们在各自的时代里冥想或者沉思，不理会外界的纷扰。而打扮朴实的保姆们，则生机勃勃地拉着家常。

我每次经过，总喜欢看他们在那里微闭着眼睛，神情单纯地晒着大阳，喜欢那些嗓门粗犷的农村保姆们，坐在她们对面谈天说地。这些老人年轻的时候，在这样好的天气里，或许也会下楼来，聊聊工作和儿女的烦恼，憧憬着儿女长大之后安度晚年的幸福。可是如今，他们在如此适宜散步遛狗的冬日里，却因为不可扭转的衰颓而无法走动，亦无法言语，甚至连对面轮椅上当年把酒话青天的老相识，都不能再认出来。

与这样的风景形成鲜明对比的，是每天早晚背着书包上学放学的小孩子。我喜欢跟在他们身后，看他们昂首挺胸地在晴朗的天气里走路。对于这样朝气蓬勃的一群，我总是充满了感激，感激他们让我想起我曾有过的童年，寂寞的、纯真的、美好的童年。

我曾在一次下班的路上，碰到小区里一个背着大大的书包、趿拉着拖鞋、低头沉默不语又倔强走路的小男孩。我在他的身后跟了许久，他都没有回头看我一眼。在这个冬日寒冷的黄昏，他没有父母接送，没有爷爷奶奶迎接，他的落寞犹如傍晚最后一缕阳光，或者风中飘摇的一片树叶。人们只顾紧着衣领急行，根本无暇关注他的失落。在那一刻，他是一个被世界遗忘的小人儿。而我，只不过是恰好窥见了一个小孩子脆弱无助的内心。

我还记得，在小区旁边的自助餐店里见过的一个打扮光鲜的女子。她面无表情地夹了一些菜后，让忙碌的服务生帮忙给她端一杯果汁到餐桌上去。服务生繁忙之中抬头冲她抱歉地一笑，说：这是自助餐，请您稍后自己来取好吗？我们将会有更新鲜的果汁对顾客提供。

换做别人，定会谅解此刻忙得分不开身的服务生，况且，自助店里当然以自理为主。可是这个女子却突然将手中的东西狠狠摔在地上，而后厉声喊叫：不吃了，退钱！那一刻，所有人的眼光都集中在她的身上。她怒气冲冲地转身去收银台，顺便又带倒了几把无辜的椅子。

没有人知道这个女子的怨气究竟从何而来。我们看到的只是一个在享受美食的时候，依然一脸晦暗的中年女子，一个浓妆艳抹却掩不住愤怒与焦躁的职场白领，一个因自己的一点不如意便意欲投诉的上帝，或者是一幅色彩混乱、人物突兀的风景画。

而我们每一个人，也都曾这样被人当做风景，远远地欣赏或者审视着。当我们看到一个人失魂落魄的背影，当我们窥见一个人苍老容颜后的悲伤，当我们看到一群人狂欢背后的孤单，当我们在拐角处偶遇一个人隐匿的哭泣，或许那一刻，也正有人这样经过我们，并窥见我们不肯示人的忧伤、疼痛，或者故意炫耀的欣喜、荣光。

（安宁）

把浪漫变成动词

事业心很强的她，几乎把所有的时间与精力都卖给了公司。每天一踏进办公室，便有开不完的会议、听不完的电话、吃不完的饭局。回家之后，她就像一朵脱水的玫瑰，干干软软地瘫在沙发上，失去了光彩与活力。

看她把自己折腾成这样，丈夫心疼之余，也常开玩笑地跟她说："你的老板好幸福，能请到这么美丽能干、任劳任怨的员工！"由于过度疲劳，她根本没听到丈夫话里的关心。

那天就像平日一样加班到深夜，她的思绪混乱得像大卖场里的衣物，拼命想从里面挑出一件合适的东西，却理不出头绪来。

在拿钥匙开门的时候，她看到大门上用胶带粘着一朵干巴巴的玫瑰花，下面还有一张卡片，写着她的名字。打开卡片，里面写着："老婆，辛苦了！"

感觉仿佛从嘈杂的叫卖市场，走进温馨舒适的旅馆，整个人顿时放松不少。

很想跟丈夫说声"谢谢"，可是丈夫已经睡了。她轻手轻脚地打开鞋柜，发现里面也躺着一朵容颜憔悴的玫瑰花，旁边同样躺着一张卡片："亲爱的，祝你生日快乐！"

她这才想起，天哪，今天是自己的生日！她忙到失忆状态，想不起生活中的大小事情。连自己都遗忘的事情，丈夫还清晰地记得，并且还这么大费周章。想到他的布置过程，她觉得眼睛发热，鼻头有些酸酸的。走进更衣室，正准备脱下上班女性的职业套装，她又看到一朵被闷坏的玫瑰花斜斜地别在衣架上，衣架下面吊着一张卡片："欣赏你的美丽，是我最大的享受！"

从来不知道丈夫还是个如此浪漫的人，究竟是以前粗心没发觉，还是有高人指点丈夫这样做？

太多的惊喜，太多的情绪，让她觉得口渴，想喝点饮料。站在冰箱前，她的喉头塞满了激动的情绪，因为她看到冰箱的面板上贴着一朵长期失水的玫瑰花，旁边靠着一张卡片："跟你在一起，是我最大的幸福！"

丈夫似乎对她下班回家后，会有哪些习惯动作都了如指掌，脱鞋、更衣、喝饮料，每一句情话都配合情境，写得恰到好处。

"真亏他想得出这么多情话！"换成自己，绝对不会有这般闲情与心思，为对方精心设计一个难忘的生日！再也按捺不住满心的感动，无论丈夫是否睡着，她都要立刻跟他说："谢谢你为我所做的一切！"

当她穿过浴室，走进卧房时，居然有第一次跟丈夫约会的悸动感觉。心跳的速度越来越快，她尽可能地放轻动作爬上床，然后附在丈夫耳畔小声地说："谢谢你！"

丈夫笑着睁开眼睛说："你终于回来了！"

"原来你根本没睡着！"她顺手扭亮床头灯，才发现床头柜上也放着一朵毫无生气的玫瑰花，旁边立着一张卡片："你是我心中永远的最爱！"

找遍脑中所有学过的词，除了"谢谢"两个字，她实在找不到其他的感谢词。倒是想到一个问题。

"为什么你送的每一朵玫瑰都垂头丧气的呢？"

"因为你太晚回来，它们都等到昏倒了！"

"我还以为你特别挑选这些脱水玫瑰花来影射我呢！"

她笑着跳下床。当她走进浴室后，不禁呆住了。化妆台上的玻璃瓶里插着一大束娇艳欲滴的玫瑰花。她突然泪流满面，继而顿悟，生命里还有比工作更重要的东西，值得她去珍惜。

（陈桂连）

是最好的处方

　　王争艳是武汉市一名退休医生，在25年的职业生涯中，她治好了无数病人，却从未开过大处方。更不可思议的是，她居然经常为病人开出两角钱的处方，因此被称为"小处方医生"。

　　在大处方遍地开花的今天，王争艳以小处方一枝独秀，自然会引起人们的关注。记者问她："开小处方的诀窍在哪里？""看病人需要什么，对症下药嘛。"这位两鬓斑白的老医生脸上显得有点急，潜台词似乎在说，这还用问吗？每次开处方之前，她会问病人以前用过什么药，有没有效果，无效的不开；然后问病人家里还有什么药，家里有的不开，一减再减，自然所剩无几。

　　不需要什么高深莫测的医术，小处方原来一点都不神秘，不过是人人最简单的医学常识。然而，当我们生活中的一些常识日渐模糊时，坚守常识并非易事。王争艳说："开贵的药，我下不了手。"短短一句话，让人顿生敬意。王医生开了一辈子小处方，退休时终于收到一份最珍贵的大礼，她被评为"江城好医生"。评选采取无记名投票方式，可以打电话或上网投票，但是许多市民都不怕麻烦，搭乘公交车亲自去为她投上一票。

想起我多年前见过的一位医生。那时我远离父母独自在外求学，一天中午，我突然发起高烧，同桌陪我去医院看病。从未进过这么大的医院，不知道是因为高烧还是心情紧张，我刚走进门诊大厅，忽然脸色苍白，居然在门口晕倒了一次。等我清醒过来，心想坏了，这回肯定病得不轻，心里更加忐忑不安，既怕耽误上课又担心钱不够。没想到医生却脸色平静，根本没把我的病当回事。那是个中年女医生，跟我母亲年龄差不多，她先让我量体温，又问了几句，刷刷几笔就写好了处方。打了一针，居然药到病除，下午我就神清气爽地坐在教室里上课了。

那位医生当时给我开的是什么灵丹妙药，我看不懂也没兴趣知道，但是那张处方的价格，这辈子我都忘不掉——一块五角钱。在那时，看个普通的感冒花几百元钱很正常，这次看病经历，成了我生命中最美好的记忆之一。我不知道那位医生的姓名，对她的模样更无半点印象，我只知道，她是个好医生。

认识盛美霞，是从她的博客开始的，她也是一名普通医生。她在内科急诊室工作，每天在医院上班，见惯了生死，并未让她年轻的心变得坚硬如铁。利用业余时间，她在网上开设了博客，记录自己每天的心情：

"两岁的男孩，父亲倒车时不幸将他撞倒。抢救室里没有哭泣声，茫然的父母分别站在推车的两侧，看着心电监护仪上一条绿色的直线欲哭无泪，我都不知道这一对父母要怎样面对这个残酷的事实，他们现在这样看似平静的表情下装着多么巨大的悲痛和绝望、自责和内疚，这比哭天抢地更让人动容伤心⋯⋯"

小小的急诊室，溢满了悲伤。在盛美霞的博客里，记录着许多像这样揪心的故事，吸引了无数网友，不是因为好奇，而是感动，在她冷静的叙述中，处处流露出悲天悯人的情怀。她说："我写下这些故事，只是希望大家珍爱生命，生活得更美好。"透过那些温暖的文字，我仿佛看到一颗金子般的心。

都是一些普通的医生，没做过什么感天动地的大事，却感动了无数人。究竟被什么感动？也许答案并不难找，我们可以没有神医，却不能没有好医生。爱，是最好的处方。

（姜钦峰）

我们应该更斗狠还是更谦卑？

家里的水管漏水，电话打到物业部，我非常客气地请他们派人过来维修。物业答应尽快派人过来。两天过去了，还没有见人上门。我发扬了锲而不舍的精神，几次三番地催。有一天早上八点半，电话打到物业，接电话的师傅显然有些不耐烦，反问我为什么老是催？说他们这事正在计划之中。

他们不耐烦的语气让敏感的我立刻觉得心里堵得慌。作家李敖之女李文移居北京后，非常愤怒北京社区物业管理的不规范，也几次与之斗争。我非常欣赏李文式的维权理念，在我看来，现代物业是社区的主人，就应该在业主有困难时召之即来，并且有文明的服务方式。

但显然不是这样。

我把我的困惑和邻居讲了。他告诉我，物业服务人员都很坏，需要狠狠地和他们斗。否则，他们柿子捡软的捏。

我由此想到我这个所谓的文化人，是否不太熟悉某一类世界的游戏规划？比如某一类世界，就需要弱肉强食，就需要逞强，就需要斗狠，只有这样才能办成事。过于谦卑客气，并不见得被人视为文明有修养的标志，恰恰相反，可能反倒助长一些人的不良表现。

我的另一位朋友认为我没有错。与人打交道时，谦卑而客气是一种有修养的表现。她认为人心都是肉长的，你对对方客气、尊重，别人再无礼，也终会软化下来。她的话让我想起《圣经》里所说的：别人打你的左脸，那么就伸出右脸让他打好了。

这也是圣雄甘地倡导的非暴力运动的精神内涵。当年英国人对印度步步紧逼时，圣雄甘地没有倡导印度人民出来武装斗争，而是采取了一种非暴力的不合作运动，比如静坐等。甘地有句名言：不要相信一个习惯使用武力的人，当他用武力夺取了权力，迟早有一天，又会用武力来对待他人。

我相信这样的困惑存在于大多数人的心中，那就是与人打交道时，我们要表现得强悍、先发制人、与人斗狠，还是在任何情况下更谦卑？

在古代长安街头，那些好斗的王公少年一定是相信与人斗狠才能在社会上吃得开的。所以，才有无数的血气方刚少年在街头向人挑战、最终陈尸街头的七侠五义般的经典故事。而在好莱坞的许多经典电影中，那些从小成长于贫民窟的男孩，相信拳头才是力量，认为最终一定要成为黑帮老大和教父式的角色才能生存下去——由此，他们的人生也在暴力中一去不复返。

在杨德昌的电影《牯岭街少年杀人事件》中，主人公的名言是：

你要改变这个世界，要征服这个世界，让这个世界听命于你，只有这样，你才能生存下去。所以，牯岭街的少年都气势汹汹，信奉弱肉强食的生存法则。他们一个个像好斗的公鸡一样，信奉暴力，信奉与人斗狠，争先恐后地要当老大。

当然，最后，他们的青春一个个在斗狠中被毁灭。

我家乡的小镇就有一个男孩子，他从小被人欺负，所以他的格言是：你要永远表现强悍，要不怕死一般地斗狠才能生存下去。为此，他四处惹是生非，终日向人挑战，最后他成了一方的地头蛇，人们听见他的名字就会心生惧意。

然而，我前年回家，听说在一次事故中，他失手杀死了一个人，从此亡命天涯。

到底应不应该斗狠？这真是一个让人难以判断的命题。我相信大多数人都喜欢斗狠，特别是血气方刚的男孩子，信奉雄性世界弱肉强食的生存法则。因此造成的恶性循环是：每个人在生活中，可能被所谓的别人的斗狠所伤害，继而自己被迫也学会这一套生活法则，然后也被迫向别人斗狠。

我们的社会就是在这样的恶性循环中，变得残酷、冷漠。

但也有一类人，无论受尽了多少所谓他人的欺负还是被斗狠，被摧残后依然拥有一颗谦卑的心。别人越是欺负我，我越是要尊重他。我相信这里面含有一种更高贵的力量，那就是：我带着一种上帝般的怜悯，理解并蔑视你的斗狠，那只不过是内心的虚弱所带来的虚张声势。我的内心很强大，我有我的价值观，并不会因为你的斗狠而影响我。这就像一个无坚不摧的巨人，即使你来势汹汹，却影响不了我，我总是巍然不动。

做到这一点，是多么困难哪。但是每个人还是应该尽可能这样做，让自己拥有一颗慈悲宽厚的心。要做枭雄还是圣人，血气方刚的男人总是渴望成为强者。但是即使成为一代伟人，上帝还是更加关爱那些内心谦卑的人。

（曾子）

一个敬事如命的人

　　十多年前，我在一家污水处理厂上班。那家污水处理厂的经理，是市环保局局长的小舅子，天生一副奸猾的样子，为人很不厚道。他不但经常克扣我们可怜的福利，还将一些本不属于我们管辖范畴的活计揽到处理厂来。

　　我们私下都埋汰这小子是在用职工的血汗给自己铺路，所以对工作根本没有什么热情，总是哼哈着应付，没有谁真心地傻到以单位为家。当然，老张除外。

　　叫他老张，其实也不过30岁出头的样子。从我进厂那天起，他就穿着一身灰突突的工作服，性情倒和善，只是太过较真，一副完全将自己献给污水处理厂的架势。

　　当时厂里的任务都是分组完成的。因为老张的严谨和认真，我们没人愿意同他分在一起。可是，有一次我很不幸，和老张混成了一个组。那次是清理城市的下水道，我和老张的任务，就是监管着民工从下水道井里淘出污秽之物。

　　我们厂一共分了十个组，别的组的人，简单地嘱咐下民工，便作鸟兽散，各回各家了。我撺掇老张，反正又没人检查，咱们也回家吧。老张的黑脸板得死死的：那可不行，这些民工万一干得不彻底怎么办？

我真是有点儿哭笑不得，老张以为自己是谁呀，真拿根鸡毛当令箭了？民工干得彻底不彻底，谁能看得见？

我气恼地躲到一棵大树下，远远看着老张站在毒辣的日头下，和那些民工指指点点地白话着什么。那几天正是夏天最热的时候，豆粒大的汗珠子顺着老张的脸滚下来，他浑然不觉地蹲在那里，像头尽职尽责的老黄牛。

这么耗了两天，我真是有点儿坚持不住了。这时，老张推着车子来到我面前：这里你盯一下，我去其他人的组那里看看进度。言毕，也不等我回答，一蹬车子就走远了。

我根本没听老张那一套，看他人影消失，就骑着车子回家了。却没想到，第二天刚一进厂，就赫然看到门卫那里贴出了通报。

其他九个组的工作进程、完成质量以及人员空岗情况一一登记在案，厂长白着那张猴脸气急败坏地宣布，所有这些人全部扣发本季度的奖金。

同事们骂骂咧咧地看着我和老张，我吓出了一身汗，敢情老张是个卧底的奸细呀，我说好好地他去别人那里看什么进度。联想到昨天我也空岗，我真怀疑，老张是不是也给我告密了。

从此，我再也不敢在老张面前要滑头了。那个夏季，本市的下水道清理第一次彻底了。夏天过去之后，一向深受堵塞之苦的城市安全度过了雨季。有关部门隆重表扬了我们污水处理厂。猴脸厂长抱回了一个奖杯，在全厂的大会上，亲手将600块奖金发到了老张的手里。

我们大家嘘声一片，实在看不得老张那副激动感激的嘴脸。不就600块钱吗，至于沦落到出卖灵魂的地步？

从此，我们都有意疏远了老张。到最后，我调离污水处理厂时，宴请了很多同事，唯独没叫老张。喝着酒，我们说起这个人，都很不齿。为了巴结领导，竟然拿同事当垫脚石，这样的人，也未见会有什么出息。

我没想到，他会追着过来送我。这个人，好像根本不知道我对他的反感，殷勤地帮着我提行李，还唠唠叨叨地嘱咐：到了新单位，不要忘了我呀。

我看着他那么辛苦地背着我的大行李，心里忽然有点儿不忍。不管别人怎样说老张，他对我还是不错的。我不过就是看不惯他为了蝇头小利就这么鞠躬尽瘁的奴性。想到这里，我决定劝老张一下。猴脸厂长不是个好货色，犯不着给这样的人卖命。

没承想，老张很错愕地说：我不是给厂长卖命啊，我只是觉得，能有这么一份工作就是天大的幸运，只有尽最大努力做到最好，我才心安呢。

我这才知道，老张从小就是个孤儿，在乡亲们的资助下上完了大学，分配到污水处理厂，成了工薪阶层，娶了老婆生了娃。对于他来说，能有今天这一切，实在太不容易了，所以，不好好干对得起谁呀。

我听得有点儿动容，原来老张不是趋炎附势之徒，他是天生那种敬事如命的人。老实、木讷、较真，没有什么野心。而很多时候，猴脸厂长只是利用了他的这个特点，巧妙地令他成为一个靶子。说到家，但凡有点儿私心的人，谁愿意为那几个钱卖命。

老张的独到之处是，即便没有那几个钱，他还是会任劳任怨地去干每一件事。

这样的品质，当年，我并没有觉得有多好。可十年之后，当我有了自己的小公司，面对众多善于讨巧的"80后"，却不止一次想起老张来。现在的年轻人似乎永远都在不满，工作强度、薪水高低、办公环境，他们随时随地都会找出让自己离开或者怠工的理由。但我却发现，所有这些人缺的只是一种精神——敬事如命。

公司搬到新址后，我回了一次污水处理厂，原先的老同事几乎都离开了，除了老张。听到我开出双倍的薪水邀请他去我的公司，老张几乎不敢相信自己的耳朵：我又不懂你公司的业务，能去干啥呀。

我告诉他，他不用懂业务，只是去公司帮着管理一下内勤就可以。老张激动得简直不知道说什么好了，他跟着我千恩万谢地来了公司。公司的一些"80后"，对内勤这个肥差交给这样一个邋遢的老头很不屑。我没有作过多的解释，因为我相信，用不了多久，那些年轻人就会从老张身上学到太多的东西。而那些东西，正是学历和书本中一直缺失的。

（琴台）

每一颗头颅都需要高高昂起

我组织过一场诗文朗诵会，在报名阶段，一个高中男孩子踊跃得带点儿执拗。他用不容商量的语气对我说：老师，我一定得参加。看看这个孩子：矮矮的个子，胖胖的白脸，顶着一团混乱的卷发，还有一双你永远看不到瞳孔的细小眼睛。我给他一份演出提纲，让他挑选篇目，他带着看起来有些夸张的激动拿过提纲，沉重地把目光投向备选篇目，不出一分钟，他冲我指了指，说：就是它了。我凑过去一看，那是巴顿将军在1944年诺曼底登陆前夕给第三集团军将士的一次著名演讲。

据说，这个孩子在两个星期的准备时间里每天早起晚睡，抑扬顿挫地背诵着那篇著名的稿子，吵到室友们不胜其烦。

朗诵会举行那天，我在舞台上调试设备，那个孩子钻过来喘着粗气对我说：老师，如果我父亲迟到，能稍微等一会吗？

为了鼓励参赛者，组委会邀请了选手们的家长，我刚刚知道，这个孩子的父亲得了严重的肾炎，几天前刚刚做完手术，身体极其虚弱。

比赛前一分钟，他搀着他那个虚弱的父亲走进会场，脑门上全是汗珠。

比赛十分精彩，掌声此起彼伏。

他第五个出场，像一门小钢炮。背景音乐响起，他却迟迟不做声，怒目圆睁，望着前方，这架势我可从未看过。他肯定是忘了词，我试图打手势提醒他，可是徒劳，他依旧旁若无人地那么站着。大约过了20秒钟，从他喉咙里终于迸发出那句巴顿的名言："弟兄们，最近有小道消息，说我们美国人对这场战争置身事外。那全是扯淡！"他狠狠地挥了挥拳头，气势令人胆寒。

那是一场完全属于他的演讲，酣畅淋漓。

我至今仍然难以想象，这门矮胖的小钢炮身体里怎么会蕴涵着如此如虹的气势！

那段演讲词的结尾是这样的：不是所有的英雄都像传奇故事里描述的那样，军中每个战士都扮演着同样重要的角色。千万不要吊儿郎当，以为自己的任务无足轻重。每个人都有自己的任务，而且必须做好。每个人都是这根链条上必不可少的环节。各位可以设想一下，假如某个卡车司机，突然不愿忍受头顶呼啸的炮弹，一头扎到路边的水沟隐蔽，那将产生怎样的后果。这个怯懦的狗杂种可以给自己找借口，管他娘的，没我地球照转，我只不过是千万分之一。但如果每一个人都这样想，我们怎么办，我们的国家、亲人甚至整个世界会怎么样？不，他奶奶的，美国人不那样。

说完这段词，他涨红了脸，摇着头，回味着又重复了一句：不那样……

那天的掌声震得我耳朵发痛，可我却顾不上捂住它，情不自禁地和所有的观众一起，为男孩鼓掌。

过了几秒钟，男孩鞠躬致意，脸上现出一丝羞涩，他挺直了腰板，向着父亲行了一个军礼。

他成了学校的名人，也成了我的课代表。他每天主动到我的办公室打水、扫地、擦桌子、收拾柜子……有几次我上班，发现桌子上已经沏好了一杯热茶，他"无微不至"的服务让我都有些不好意思。

他的父亲死了，在朗诵会三个月后。

我大概有三个星期没有见到他，望着凌乱的桌面，我总会淡淡地想起他，不知道他能不能挺住。

三个星期后，他来上学，依旧是那张面庞，眉目却斧凿刀刻般清晰。上课之前，他来送作业，我看着他想要安慰几句，他挤着脸笑着说，老师，我没事日子依旧。

后来，一个学生告诉我，他经常自残。我吃惊地把他叫到办公室，强行捋起他的袖子，胳膊上道道血痕不忍睹视。他拽过自己的胳膊，放下袖子，依旧挤着脸笑着说：老师，我真的没事，我也想考好，只不过想让自己长个记性……

不知道为什么，每次见到他之前我都有千言万语，见到他之后却总是无语凝噎。我拍了拍他的肩膀，苦笑着说，自己多保重。他却若无其事地笑着说：老师，别煽情啦……

但愿他真的能这样想得开。

我听说，他的母亲给一所学校看宿舍，每个月赚几百块钱，我突然记起有一次我开玩笑对他说：脚上穿的什么名牌鞋子呀？他无辜地扯着长音说：老师，二十几块钱，地摊货，能是什么名牌？我还记得他总是喜欢晚自习之前到办公室来劳动，我问他，怎么不去吃饭哪？他总是笑笑说：减肥。还有一次，我和他聊起了生活开销，他说他一个月只花200块钱，这里面主要是他的饭费，我吃惊地看着他，他却笑着说：呵呵，这叫"抠抠族"，时尚得很。

有一天，我和一个孩子闲聊，他告诉我说：老师，你知道吗，小钢炮花五百块钱买了一个MP3，整天在宿舍听日本动漫音乐，您说他多不懂事，家里面经济那么困难，他却……，唉……

我突然感到很生气，我一直很喜欢的他，健康，爽朗，又那么勤快，难道是我看错了？

晚自习的时候，我把他叫出教室，确认这件事。他毫无掩饰地承认了。

我激动地对他一通臭骂，骂他不懂事，骂他败家子，骂他白眼狼……所有难听的话我一股脑儿泼给他。而他，却一直平静地看着我，最后抿了抿嘴说：老师，我真的很喜欢MP3，很喜欢动漫音乐。

他那天的冷漠让我有一种莫名的恐惧。

后来，他很少来我的办公室，我们之间的交流也只是例行公事般地你问我答。再后来，他以不太理想的成绩考上了一所专科学校，漠然地离开。

我一直在想，这到底是怎样的一个孩子：报名时那张无比自信的脸，那个气宇轩昂的军礼，那一道道刻在胳膊上的血痕，那双二十几块钱的运动鞋，那个花了500块钱的MP3，还有那张挤着笑的脸……

那一天电视播一个节目，法国的一个慈善家波奈尔千方百计地把在法国Anas工厂生产的哈根达斯冰激凌运送给埃塞俄比亚的一个乡村儿童福利院，波奈尔的举动让很多人不解，因为这里的儿童骨瘦如柴，连顿饭都吃不上，何以送给他们冰激凌呢？

波奈尔说，吃饭固然重要，但是，我们应该了解：全世界的孩子们都一样，他们都喜欢可口的冰激凌。

看完这个节目，我想起了小钢炮，胸口闷得难受。

我猛然意识到，可我又从未意识到，那场令人血脉贲张的演讲应该叫作"父亲"，那杯淡淡的香茶应该叫作"感激"，那张看似若无其事的笑脸应该叫作"坚强"，还有那花了近三个月生活费购买的MP3，应该叫作……对待一个拥有如此之多感情的人，一个如此丰富的弱小而又强大的灵魂，我们有什么资格去叨扰，试图剥夺本应属于他的那么一丁点儿幸福呢？

我看到了如光的匕首锋刃，却不知道那锋刃每天都在用鲜血舔舐；我看到了清奇的通透傲骨，却不知道在浑浊的泥淖侵蚀下，保留那一份矜贵是多么地艰难；我看到了那颗怦怦跳的强有力的心脏，却望不见每一次搏动后的惊慌失措。

我应该施予他一双舞鞋，他可能会为你翩翩起舞，虽然，他不一定就是传说中的那个王子；我应该施予他一滴露珠，他可能怀抱强大为你潜滋暗长，带来一抹清淡的春色，虽然，他不一定就是传说中国色天香的牡丹。

小船也随风帆起，蝼蚁也知数九寒。尊重别人，从尊重别人的需求开始。

在茶雾的氤氲中，我看到了拽着气球飞上天空的小钢炮。

（李志强）

行动比抱怨更有效

在我们身边，总有一些喜欢抱怨的人，他们抱怨领导，抱怨家人，抱怨环境，抱怨生活，抱怨社会。可是，更多的时候，抱怨是无济于事的。没有人喜欢和一个絮絮叨叨、满腹牢骚的人在一起相处。再说，太多的抱怨只能证明你缺乏能力，无法解决问题，才会将一切不顺利归于种种客观因素。若是你的上司见你整日哼哼唧唧，他恐怕会认为你做事太被动，不足以托付重任。所以有发牢骚的工夫，还不如动动脑筋想想办法：事情为什么会这样？怎么才能把它解决掉？

有个小故事相信很多人都看过，说是一个人被老虎追赶，情急中攀上悬崖绝壁的一根枯藤。这时，老虎在下面咆哮，这个人紧紧抓住枯藤不敢松手。在万分紧急的时刻他猛然抬起头，看见悬崖上一只老鼠正在啃这根枯藤，已经啃了一大半，很快就会啃断。面对此种险境，如果是你，你会怎么办？会不会憎恨老虎抱怨老鼠？再看这个人，他正在焦急之时，突然发现眼前的绝壁中有一颗鲜艳的草莓。他忘了下面正在咆哮的老虎，忘了上面正在啃藤的老鼠，而是伸出一只手摘下那颗草莓放在嘴里。当草莓的清香流进心里，他顿时有了动力，跃身跳上绝壁，逃过老虎的追击。

这个故事或许不太真实，但它揭示的道理却令人震撼。在危急关头，抱怨是最消耗能量的无益举动。美国最伟大、最受尊崇的心灵导师之一威尔·鲍温在《不抱怨的世界》中提出了神奇的"不抱怨"运动，它正是我们现代人最需要的。天下只有三种事：我的事，他的事，老天的事。抱怨自己的人，应该试着学习接纳自己；抱怨他人的人，应该试着把抱怨转成请求；抱怨老天的人，请试着用祈祷的方式来诉求你的愿望。这样一来，你的生活会有想象不到的大转变，你的人生也会更加的美好、圆满。

所以抛弃抱怨，积极行动才是最重要最有效的。比如写作，当然是件辛苦事，但写作之前一个人往往会想，这篇文章应当有怎样的主题，怎样既能契合大众的阅读口味又能达到精英水准，寄给编辑能不能被采用。文章以外的种种考虑有时比写一篇文章更给人添累。当你提起笔把写好写精彩作为努力的方向，抛开种种功利目的的考虑，尽可能做到淋漓酣畅地表达，这样写的结果，反而会很成功，至少不会失败。

请记住，同事和朋友只是你的工作伙伴，就算你抱怨得句句有理，谁愿意洗耳恭听你的指责？每个人都有貌似坚强实则脆弱的自尊心，凭什么对你的冷言冷语一再宽容？很多人会介意你的态度："你以为你是谁？"在一个竞争激烈的社会，每个人都在追求成功，你只有让自己变得强大起来，才能让别人看得起你，才能接近成功。而不能靠抱怨获得别人的同情，施舍给你成功。那样的成功是短暂的、没有喜悦感的。

借用《不抱怨的世界》中的话送给时下年轻人，相信大有益处：我们的抱怨多半都只是一堆"听觉污染"，有害我们的幸福健康；这不是赛跑，而是一种过程；改变你的措辞，看着自己的生命有所改变；学会不抱怨之后，心情会比较开朗，也会有能量去面对生活中的各种难题；当不抱怨变成一种个性的特质，最大的受惠者还是自己；凡是你所渴望的东西，你都能够得到。

（柯云路）

在困境中向往美好

　　报社来了一些实习生，我也带了一个，是新闻学院快毕业的姑娘。我给她出的题目是去找一个建筑工地，和打工的外地民工生活一天。我自己给自己的任务是和一个捡垃圾的人生活一天。我们要策划四大版的"普通人在城市的一天"这样一个选题。

　　第二天各路人马都回到了报社，大家似乎都有收获。有人讲得非常感人，我带的那个实习生讲得最感人。

　　她说她在一个建筑工地上碰见了一个小姑娘，那个小姑娘是工地上用手工弯铁丝网的，一天要干十几个小时。

　　她讲，她的最大愿望就是看看天安门。很小从课本上知道了首都北京有个天安门，但她来了也没有时间去看，因为她在工地上要从早上8点一直干到夜里。太累了，工头也不让她晚上走出工地，没有一个休息日，因为要赶工期。她说她最大的愿望就是干完了这个短工，去天安门看一看。

　　一个人一生最大的愿望就是去看一看天安门！而为此她要付出在一家工地工作三个月的代价。我们很多人经常经过天安门，早已熟视无睹了。但实习生的这个故事让大家都有些震动。

我跟一个从河南来的捡垃圾的老头生活了一天。早晨7点钟，在朝阳区一个郊区空地中，几百个捡垃圾的人在卖前一天捡的垃圾，那种情景让我想起狄更斯笔下的伦敦：几百个衣衫褴褛的人在卖垃圾，收垃圾的人把垃圾收走，然后，他们就提着空蛇皮袋，四散而去了。

这是一些生活在城市夹缝中的外乡人，以中老年人为主。我和河南老人一边沿着他固定的线路走，一边听他说话。他熟悉活动区的每一只垃圾桶，每一个垃圾堆。他讲了许多，那种感觉很像余华的小说《活着》中一个老人给一个青年讲活着的故事，非常像。讲人的生生死死，恩恩怨怨。到了晚上，我和他一起回到郊区他租住的一间小平房，那是一间只有7平方米左右的小房子。他拉开了墙上的一个小布帘，在墙上有一面木架子，上面从上到下摆满了各种各样的空香水瓶！那些都是他的收藏。香水瓶的造型大都很好看，老人搜集的足有二百多个，一刹那它们的美让我震惊，也让这个老人的小屋和他底层的人生发亮了。

这两个故事都是真实的。他们是生活中的乐观者，卑微愿望的满足者，也是热爱生活的人。

（邱华栋）